平畠啓史の日本一わかりやすい
Jリーグ語
J League
Glossary
辞 典

ワニブックス

はじめに

　そもそもＪリーグ語なんて言葉はない。

　正解のないスポーツ、サッカーにおいて辞典といえどもこの本の中に正解はない。ただ、Ｊリーグの周りにはたくさんの言葉が溢れていて、理解している言葉、わからない言葉、わかったような気になっている言葉、難しい言葉、昔に聞いたことがあるけれど、意味がよくわからない言葉などがある。

　そんな言葉を咀嚼し、整理して並べたのがこのＪリーグ語辞典。解説や説明というよりも思い入れや希望、妄想や意味不明の解釈などが多くなっているが、この本によってＪリーグがさらに楽しめるようになることを願って作成に至りました。

　ただ単に、現在サッカーの現場や中継で使われているＪリーグ語だけではなく、過去にＪリーグのピッチを彩り、忘れてほしくない選手のことや出来事なども掲載。長くＪリーグをご覧の方には懐か

しく、新しいJリーグファンにとっては、昔のJリーグに思いを馳せる機会になればいいなと考えています。

　最初から順番に読む必要などありません。起承転結とは無縁の本なので、好きなところから、気になるところから楽しんでいただきたいと思います。ただ、気になった言葉のところを読んだ後に、その前後の言葉にも目を通してほしい。そこから、新たなJリーグのおもしろさを見つける可能性があるからです。

　Jリーグ観戦やサッカー談議のお供に、スタジアムに向かう電車の中で、仕事や勉強の息抜きに読んでいただければ幸いです。そして、この本をきっかけに、Jリーグに興味を持つ人が一人でも増えたなら、サッカー観戦がこれまで以上に楽しくなったなら、これほど嬉しいことはありません。

　正解のないJリーグ語辞典をお楽しみください。

Contents

Column

本書の楽しみ方

言葉の見方

サッカーの基本的な「ルール」や「戦術」、「あだ名」や「歴史的人物」、さらには、Jリーグ＆日本サッカーの歴史で生まれた「事件」「名言」などを50音順にまとめています。

① **カズダンス**
【かずだんす】

② カズと三浦知良のゴールパフォーマンス。原型は柏にも在籍したカレカのパフォーマンス。それを基本にカズが考え田原俊彦さんがアレンジして完成。2011年3月29日に開催された「東北地方太平洋沖地震復興支援チャリティーマッチ」でのゴール後のカズダンスは本当に感動的だった。

ドーハの悲劇
【どーはのひげき】

1993年10月28日、カタールの首都ドーハのアルアリ・スタジアムで行われた、アメリカワールドカップ・アジア地区最終予選、日本対イラク戦。2対1で日本リード。勝利すれば、日本はワールドカップ初出場の切符を掴めたが、終了間際にイラクに追いつかれ、ワールドカップ初出場の夢が絶たれた。実況の久保田光彦アナも東京のスタジオも、いや日本全体があの瞬間、言葉を失った。

①サッカー用語
一般的な表記を記しています。

②用語の説明
その用語の説明や、平畠流のとらえ方、豆知識などを記しています。

本書を楽しむ三カ条

1 Jリーグの歴史を深く知る
1993年のJリーグ開幕から現在までの歴史を知ろう。懐かしの名場面も登場。

2 サッカーの基礎知識を学ぶ
基本的な用語からサッカー通が使う言葉まで掲載。サッカー博士への第一歩。

3 観戦のお供に
「VAR」などの用語やスタグル情報も満載。現地でもお家でも観戦時のお供に。

J
リーグ語
あ➡ん

アーリークロス
【あーりーくろす】

相手の守備が整っていないうちに、ディフェンスラインとキーパーの間を狙って早いタイミングでクロスを入れること。攻撃にスピード感があるので、アーリークロスからのゴールは見ていて気持ちが良い。

Eye Of The Tiger
【あい・おぶ・ざ・たいがー】

アメリカのロックバンド、サバイバーのヒット曲。映画『ロッキー3』の主題歌としても有名。戦いに挑む感が強いこの曲は、アビスパ福岡のホーム、ベスト電器スタジアムでハーフタイムが終わり、後半が始まるという時に流れる。ベタといえばベタかもしれないが、後半の戦いへの気持ちを高め、席に戻るチャイム的な役割も果たす。

アイコンタクト
【あいこんたくと】

目と目の合図でお互いの意思疎通を図る際に用いられる。かつて日本代表を率いたハンス・オフト監督は「コンパクト」、「スリーライン」、「トライアングル」などとともにこの「アイコンタクト」を提唱。目が合えば良いというものではなく、意思を合わせることが大事。アイコンタクト失敗は飲み会でたびたび起こる。

アイシテルニイガタ
【あいしてるにいがた】

アルビレックス新潟を愛するサポーターの思いがこもった言葉。カタカナ表記の「アイシテルニイガタ」が目にそして心に訴えてくる。

アイシング
【あいしんぐ】

傷害の応急処置やクールダウンの補

助のために利用されるアイシング。冷やす時間は15分〜20分程度。練習後や試合後、ふくらはぎや太ももに氷の入ったビニール袋を巻き付けて、足を引きずりながら歩く選手を見かけるが、まさにアイシングの真っ最中。見るからに満身創痍です。

アウェイゴール
【あうぇいごーる】

トーナメント形式の大会などで、ホーム＆アウェイ方式が採用されているときに、両チームの勝利数、合計得点が同じ場合に、アウェイでの得点が多いチームが勝利になるというもの。2試合目でスコアが動いてくると、頭が混乱してくる。

アウェイの洗礼
【あうぇいのせんれい】

試合前日の練習会場が使用できない、練習会場のピッチに釘が撒かれている、ホテルの外で騒いで睡眠妨害など笑えないものから、アウェイチームのロッカールームが汚くて狭い、アウェイ側のロッカーのトイレだけウォシュレットが付いていないなど細かいものまで、アウェイチームが不利に思えて試合に集中できないような状況が作り出されること。

アウグストのおんぶ
【あうぐすとのおんぶ】

川崎のストライカーとして活躍したジュニーニョ。彼がゴールを決めると、かなりの頻度でチームメイトのアウグストが背後から近寄り、おんぶしてもらうパフォーマンスを披露していた。ジュニーニョいわく「疲れている時はちょっとイヤだったね」とのこと。

アウトサイドキック
【あうとさいどきっく】

足の外側で蹴るキックのこと。意外性があるので、対応するディフェンダーが意表を突かれることも。ショートパスで使用されることが多いが、クロスに使う選手もいる。川崎フロンターレの三笘薫はアウトサイドの名手。様々な場面でアウトサイドを巧みに使う。

アウトスイング
【あうとすいんぐ】

ゴールから離れていくような球筋になるキック。ゴールキーパーは前に出る判断が難しくなる。

青森山田高校
【あおもりやまだこうこう】

青森県青森市の中高一貫校。黒田剛監督の下、高校選手権優勝2回、インターハイ優勝1回、高円宮杯プレミアリーグ優勝2回。冬場の雪中サッカーで心身ともに鍛えられるため、メンタルの強さは他の追随を許さない。OBも多士済々。柴崎岳や室屋成といった海外で活躍する代表選手から、JFLからJ1まで各カテゴリーでプレーした藤本憲明や絶叫系センターバックの菊池流帆まで、幅広い人材を輩出している。

柴崎岳

秋田県民歌
【あきたけんみんか】

♪秀麗無比なる　鳥海山よ♪で始まる秋田県民歌。ブラウブリッツ秋田のサポーターが試合前に歌う。大学の学生寮の寮歌のような質実剛健な感じが胸に迫ってくる。2021年シーズンはこの歌がJ2の舞台で披露される。

アクチュアル プレーイングタイム
【あくちゅあるぷれーいんぐたいむ】

試合の中で実際にプレーが動いている時間のこと。選手交代やボールがラインを越えたアウトオブプレー、負傷者の手当てなどの時間を90分から引いた時間。流れを変えるためにゆっくりゴールキック。頭ごなしにダメだと言うつもりはないけれど、ほどほどに。

悪魔の左足
【あくまのひだりあし】

相手を黙らせるような、強烈な左足のキックを持つ選手のこと。右足ですごいキックを披露する選手もいるが、悪魔の右足とは呼ばれない。悪魔の左足といえばロベルト・カルロス。現在のJリーグならば、福森晃斗の左足はまさに泣く子も黙る悪魔の左足。直接フリーキックだけで、入場料の元がとれる。

浅田飴
【あさだあめ】

「片さんの喉を守ってあげて！」試合後、いつも声が枯れてしまう大分トリニータの片野坂監督の喉を心配し

て、とある女性サポーターがSNS上で助けを求めた。そこで名乗りを上げたのが浅田飴。監督にのど飴を送ったことで始まった大分トリニータと浅田飴の幸せな関係は現在も続いている。

アジアの壁
【あじあのかべ】

サッカー日本代表のDFの要として長らく最終ラインに君臨した井原正巳は「アジアの壁」と称された。日本代表122試合出場5ゴール。通算出場試合数は遠藤保仁、長友佑都に次いで歴代3位。2009年から柏レイソルのヘッドコーチに。2015年、アビスパ福岡の監督に就任し、J1昇格へと導いた。2019年からは再び柏レイソルのヘッドコーチに就任した。

アジアの大砲
【あじあのたいほう】

1992年、ハンス・オフト監督率いる日本代表はAFCアジアカップを初制覇。広島ビッグアーチ（現エディオンスタジアム広島）で行われた決勝の相手はサウジアラビア。36分、カズの左サイドからのクロスを胸でワントラップし左足ボレーでゴールを決めたのはアジアの大砲、高木琢也。ターゲットマンとして、日本代表を引っ張った。

アシスト
【あしすと】

ゴールに直結するパスやクロスのことをアシストと呼んでいるが、Jリーグでは公式の記録ではないので、アシストの明確な定義はない。ゴールになるシュートを打つ前にツータッチ以上すると、パスを出した選手にアシストはつかないという考え方が主流のようだ。

アジリティ
【あじりてぃ】

敏しょう性のこと。サッカーにおいて、ひたすらまっすぐに走るような動きはほとんどない。前後左右と動く方向も様々で、方向転換、減速、加速を繰り返す。サッカーでは足の速さも重要だが、それ以上にアジリティの高さが求められる。世界の中で、日本人が秀でた部分でもある。

汗かき役
【あせかきやく】

豊富な運動量でピッチを走り回り、攻守に貢献する献身的な選手のこと。サッカーを円滑に進めるためには不可欠な選手。ゴールを決める選手やテクニシャンが評価されがちだが、同じように汗かき役も評価してほしい。

アタッキングサード
【あたっきんぐさーど】

ピッチを三分割した時に相手ゴールに近い3分の1のスペースのこと。攻撃的な選手が本領を発揮できるスペース。確実なプレーよりも、意外性や思い切ったプレーが期待される。

あだっちぃー
【あだっちぃー】

第32回「ホリプロタレントスカウトキャラバン」でグランプリに選ばれた、ホリプロ所属の女性タレント足立梨花さんの愛称。2010年から3年間「Jリーグ特命PR部女子マネージャー」として、各地のスタジアムを訪問し、精力的な活動を行った。バラエティーやドラマに出ているあだっちぃーを見ると、なんだか嬉しい気持になる。

アップ
【あっぷ】

ウォーミングアップのこと。選手が試合に向けて心身を高める時間。相手のプレッシャーもないので、その選手が本来持っているキックの質や種類、シュートの精度を見ることができる、サッカー好きにとっては珠玉の時間。

アップセット
【あっぷせっと】

絶対的に強いと見られていたチームが負けること。番狂わせ。これもサッカーの楽しみ。

アツマーレ
【あつまーれ】

城里町七会町民センター「アツマーレ」は水戸ホーリーホックの練習場と町の施設が一体となった複合施設。廃校になった中学校を再利用していて、バーベキューも楽しめる。トレーニングルームでは、選手が鍛えている横で、町民の人たちが健康増進のために体を動かしている。

アディショナルタイム
【あでぃしょなるたいむ】

選手の交代や負傷者の手当てなどで空費した時間のこと。正規の試合時間が終わった後に、アディショナルタイムとしてその時間が加えられる。

アドバンテージ
【あどばんてーじ】

反則が起きた時、そのままプレーを続行することで、反則を受けた側のチームに利益になる場合、主審が笛を吹かずにそのままプレーを続けさせること。高度な状況判断が必要となるが、アドバンテージの適用によって、サッカーのおもしろさが損なわれずに済むことも少なくない。

アドレナリン
【あどれなりん】

「今は大丈夫ですけど、今晩痛みが出てきます」。打撲で痛めた選手がプレーを続行した時、解説者は必ずそう言う。きっと副腎髄質から分泌されるアドレナリンの鎮静効果のおかげだろう。ピッチで戦う選手にはアドレナリンが分泌されまくっているに違いない。

アビスパ福岡オフィシャルチアリーダーズ
【あびすぱふくおかおふぃしゃるちありーだーず】

2020年に結成されたばかりだが、キレのある動きと統一感のあるダンスを見せる。このチアにはJリーグ唯一の男性チアリーダーも存在。バトントワリング日本代表のTAKARAさんはバク宙などアクロバティックなパフォーマンスも披露する。

アベックゴール
【あべっくごーる】

お馴染みのツートップや兄弟、出身校が同じなど関係性が深い2人が一つの試合でともにゴールを決めること。アベック弾とも記される。アベックの元はフランス語のavecで、英語で言うとwith。昭和な時代では、カップルのことをアベックと呼んでいたが、令和な時代では完全に死語。そろそろ、新しい呼び方を考えたい。

アマラオ
【あまらお】

本名、ワグネル・ペレイラ・カルドーゾ。1992年、JFLに所属していた東京ガスサッカー部に加入。1998年、FC東京となったクラブのJFL優勝、Jリーグ入りに貢献。その後J1昇格やJ1の舞台でも活躍。その功績は誰もが認めるもので、アマラオが「キング・オブ・トーキョー」と呼ばれる由縁である。アマラオの顔が大きく描かれた幕が味スタのピッチを見つめ、「KING AMARAL STADIUM」の横断幕が掲げられる。

アリバイ守備
【ありばいしゅび】

守備をしているように見せかけて、ほとんど相手にプレッシャーもかからず、守備的な面で効果的ではない動きのこと。地味なスタンドプレー。

アルウィン
【あるうぃん】

松本山雅FCのホーム、サンプロアルウィン。アルプス（alps）と風（wind）を組み合わせた造語。スタンドのほとんどが緑で染まる、ホーム感抜群のスタジアム。ゴール裏から始まり、スタジアム全体に広がっていく応援風景は、ときに感動的である。

アルシンド
【あるしんど】

アルシンド・サルトーリ。スピード感溢れるプレーと類い稀なる得点感覚で創成期のJリーグファンを魅了。長髪なのに頭頂部の毛髪少なめというフランシスコ・ザビエルを思わせる髪型や親しみやすいキャラクターがさらに心をつかみ、人気者となった。

> 友達ナラアタリマエ〜

ノス監督時は1stステージ優勝。2003年、東京ヴェルディ1969では天皇杯のタイトルをもたらした。

アルビレックスチアリーダーズ
【あるびれっくすちありーだーず】

アルビレックス新潟やBリーグの新潟アルビレックスBBの専属プロチアリーダーズとして、試合会場でのパフォーマンスやイベントなどに出演。新しいコラボレーションメンバーとして、VTuberの「笑主（えぬし）しい」も加わった。

アルシンドになっちゃうよ!
【あるしんどになっちゃうよ!】

かつらメーカーのアデランスは長髪ながら頭頂部の毛髪少なめのアルシンドをCMに起用。CM内で薄毛に悩むサラリーマンに向けてアルシンドが発した言葉が「アルシンドになっちゃうよ!」。自虐的にもほどがあるが、人気のCMになったのはアルシンドのキャラクターあってこそ。CMのギャランティーは当時の鹿島アントラーズの年俸より良かったとの噂も。

アンカー
【あんかー】

アンカーとは錨（いかり）のこと。組織がフラフラしないように中央でどっしりと構えて安定させるのが役目。中盤の底、CBの前にポジショニングするイメージ。

アルディレス
【あるでぃれす】

オズワルド・アルディレス。愛称オジー。アルゼンチン代表ではフィールドプレーヤーながら、背番号「1」だったことでも有名な名選手。1996年、清水エスパルスの監督に就任し、ナビスコカップ（現・ルヴァンカップ）を獲得。2000年、横浜F・マリ

イエローカード
【いえろーかーど】

危険なプレーや非紳士的行為などを行なった選手やチームスタッフに主審から提示されるイエローカードは、警告を意味する。試合中に2枚もらうとレッドカードが提示され退場に。イエローカード購入希望なら、レッドカードとセットで1000円そこそこ。意外とお手頃価格だ。

育成型期限付き移籍
【いくせいがたきげんつきいせき】

23歳以下の日本国籍を有する選手の期限付き移籍であること。当該期限付き移籍契約の途中解約に関して、移籍元チーム、移籍先チーム及び当該選手の三者が予め合意していること。移籍元チームのリーグより下位のリーグのチームへの期限付き移籍であること、とJFAの規定にある。若い選手にチャンスに与える制度で、登録ウインドーの例外になる。

石﨑信弘
【いしざきのぶひろ】

大分、川崎、清水、東京ヴェルディ1969、柏、札幌、山形、藤枝とJリーグのクラブだけでも、これまで指揮したクラブは8クラブ。J1、152試合、J2、456試合、J3、83試合。Jリーグ最多の691試合で指揮。通算296勝。2021年、カターレ富山の監督に就任。富山の地で、Jリーグの通算試合数700試合、通算300勝を超えて、さらに記録を伸ばしていく。

いじめ、カッコ悪い。
【いじめ、かっこわるい。】

1996年のAC公共広告機構（現ACジャパン）のCM。学校の壁にもたれ、前園真聖は語る。「別に型にハマることないし、カッコつけたっていいと思う。俺もそうだった。でも俺いじめなんかしたことなかったよな。だって恥ずかしいだろ。誰かを泣かしたり。いじめは最低だよ。カッコ悪いよ」。台本にあった台詞ではなく、自分の言葉で語ったそうだ。

イタガリーノ
【いたがりーの】

接触するたびに痛がるものの、数分後には立ち上がり、何事もなかったようにプレーを続ける選手のこと。ひらちゃんが勝手に作った言葉。流

行希望。イタガリーノの判別方法は、痛がっている時に味方の選手が心配するか否か。リードしているゲームの終盤には持ち味を発揮することもある。

市船
【いちふな】
千葉県のスポーツ名門校、船橋市立船橋高校の略称。布啓一郎元監督が一代でチームを築き上げ、インターハイは9度、高校選手権は5度の日本一に輝くなど、その青いユニフォームと共に高校サッカー界屈指の強豪校として知られている。野口幸司や北嶋秀朗、杉岡大暉ら日本代表も数多く輩出しており、100人近いJリーガーがこの高校から巣立っている。

五浦ハム
【いつうらはむ】
県立カシマサッカースタジアムは食の宝庫。五浦ハムのハム焼きも抜群の美味さ！ 炭火で豪快に焼かれることによって、立ち上る煙も豪快。店の場所が煙効果ですぐわかる。どんなに長蛇の列でも食べるべき！

一平くん
【いっぺいくん】
Jリーグ好きなら知らない人はいないと言っても過言ではない名物キャラ

クター。愛媛FC熱烈サポーターだが、日本代表の試合やワールドカップにも姿を現すなどフットワークは軽い。スタジアムに向かう電車の中で、リュックに一平くんのキーホルダーをつけている人を見かけると、シンパシーを覚える。

蝗
【いなご】
FC東京のサポーターが遠征に出かけたアウェイ各地で、その地方の名産品やスタジアムグルメを食べ尽くしてしまうことから、通ったあとには何も残らないイナゴに例えられるように。また、グルメを食べる活動のことを、蝗活（いなかつ）と呼ぶ。九州地方で一般的な惣菜「ミンチ天」を、サガン鳥栖との対戦時に買い漁ったことで、サッカーファンの中で一躍知られる存在に。2019年3月に開催された湘南ベルマーレ戦では、ベルマーレビール740リットルを消費した。

イニエスタ
【いにえすた】

アンドレス・イニエスタ。世界最高のミッドフィールダー。2021年5月で37歳。いつまでヴィッセル神戸でプレーしてくれるだろうか？　1秒でも、1分でも長くプレーする姿を見ていたい。

今治焼豚玉子飯
【いまばりやきぶたたまごめし】

FC 今治のホーム、ありがとうサービス.夢スタジアムでも食べることができる今治を代表するB級グルメ。2017年、西日本B-1グランプリin明石でグランプリを受賞。ご飯の上に焼豚が敷き詰められ、その上に半熟の目玉焼き。特製のタレと目玉焼きを崩して絡めながら食す。最高にうまい！

いもくり佐太郎
【いもくりさたろう】

福島みやげに最適の銘菓。しっとりとしたさつまいもの生地の中に角切りの栗が入っている、言うなれば和風スイートポテト。やさしい甘さはいくつ食べても飽きることがない。福島ユナイテッドFCバージョンもあり、ホームスタジアムのとうほう・みんなのスタジアムでも買える。

伊予柑太
【いよかんた】

オ～レくん、たま媛ちゃんとともに愛媛FCを盛り上げる、みかんがモチーフの愛媛FCのマスコット。GK用のユニフォーム、キーパーグローブ着用のJリーグでは珍しい？ 唯一の？ GKキャラ。顔立ちからしてゴールキーパーっぽい。

©EHIMEFC

イルハン・マンスズ
【いるはん・まんすず】

日韓W杯で、トルコの3位躍進に貢献した男前プレーヤー。2004年ヴィッセル神戸に加入し、大きな話題になったが、プレーは精彩を欠き、出場は3試合のみ。挙げ句の果てにクラブに無断で帰国。引退後はフィギュアスケートに挑戦と、話題に事欠かない選手だった。2002年に発売された写真集はAmazonで現在270円。とほほ。

インカレ
【いんかれ】

全日本大学サッカー選手権大会の通称であり、大学サッカー界においては最高峰と位置付けられている冬の大会。全国9地域の代表が、日本一を目指してしのぎを削る。年末開催ということもあって、プロ内定者の4年生も多数参加しており、レベル自体も相当高い。最多優勝は早稲田大学の12回。以降は筑波大学、中央大学、駒澤大学が続いている

インサイドキック
【いんさいどきっく】

足の内側でボールを蹴る技術。基本の蹴り方で正確性があり使用頻度も高い。清水商業高校（現・清水桜が丘高校）時代、大瀧雅良監督にインサイドキックをひたすら練習するよ

うに指導された庄司悦大。インサイドキックに磨きをかけたことで、Jリーグを代表するインサイドキックの名手になった。

飲水タイム
【いんすいたいむ】

コロナ禍のJリーグでは、飲料ボトルを共有できず、試合途中の給水が困難なため、前後半それぞれの半分の時間が経過した頃、両チームの有利、不利が生じない状況の時に飲水タイムがとられ、水分補給の時間が確保された。

インスイング
【いんすいんぐ】

ゴールに向かうような球筋になるキック。直接ゴールになることも。ゴールキーパーは処理が難しい。

インステップキック
【いんすてっぷきっく】

足の甲でボールを蹴る技術。強いボールを蹴ることができる。きれいに当たって、ボールが勢いよく飛んでいくと本当に気持ちが良い。

インソール
【いんそーる】

中敷きのこと。サッカーは主に足でボールを扱う競技なので、サッカーシューズのフィット感は大切で、違和感があるとプレーに集中できなくなる。インソールは非常に大きな役割を果たしていて、フィット感向上だけでなくスパイクの中で足が動かないように滑り止めの効果もある。

インターセプト
【いんたーせぷと】

相手チームの選手のパスがもう1人の相手チームの選手に渡る前にボールを奪うこと。Jリーグのインターセプト王は山口蛍。2017年から3年連続インターセプトランキングトップ。ミドルシュートなど攻撃も魅力的な山口蛍だが、守備時も目が離せない。

インターハイ
【いんたーはい】

全国高等学校総合体育大会の通称であり、高校総体と略されることも。基本的には各都道府県の持ち回りで開催され、高校サッカー界では高校選手権と並ぶ2大トーナメントとして知られている。また、チーム作りが固まる前に予選が行われるため、本大会も含めてアップセットが起きやすい大会でもある。男子の最多優勝は市立船橋高校の9回。2012年から開催されている女子の最多優勝は日ノ本学園高校の5回。

インテンシティ
【いんてんしてぃ】

強烈さ、強度の意。アルベルト・ザッケローニ元日本代表監督が口にしたことで広まった。強さとなるとフィジカル的なことをイメージしがちだが、それだけではないようで、頭の回転や精神的な部分も含まれていて、実はなかなかとらえどころが難しい言葉である。

インナーラップ
【いんなーらっぷ】

ボールを持っていない選手が、ボールを持っている選手の内側から追い越していく動きのこと。サイドハーフとサイドバックの関係性やポジショニングからインナーラップを巧みに使い、サイドを崩したり、相手の守備陣を混乱させる場面が最近ではよく見られる。

インフロントキック
【いんふろんときっく】

足の親指の付け根あたりでボールを蹴る技術。長い距離のボールを蹴るのに向いている。ボールにより多くの回転を加える蹴り方をすれば、カーブの軌道を描かせることもできる。足の親指の付け根あたりに強烈なインパクトがあるので、痛風持ちの方はご注意を。

入れ替え戦
【いれかえせん】

2004年から2008年まで行われたJ1・J2入れ替え戦やJ2・JFLの入れ替え戦、J2・J3の入れ替え戦では数々のドラマが生まれている。スタジアムの照明が消えたり、バレー（甲府）が1試合で6ゴールを奪ったり、松浦拓弥が2試合で3ゴールを奪い、ジュビロ磐田のJ1残留に貢献したり。シーズン中では味わえない、痺れるゲームが繰り広げられた。

ヴァンくん
【ゔぁんくん】

ヴァンフォーレ甲府のマスコット。甲斐犬がモチーフ。フットワーク軽く他のマスコットと交流し、甲府の選手とも良い関係を築く。人を楽しませることに対し非常に貪欲。常にアグレッシブな姿勢を崩さない。

©2006VFK

© 2014 VANRAURE HACHINOHE

ヴァン太
【ゔぁんた】

ヴァンラーレ八戸のマスコット。スルメイカの妖精。休日の過ごし方は朝風呂からの昼酒と、ゆるキャラ活況のこのご時世で、ヴァン太は内面もしっかりとゆるい。そんなゆるさがヴァン太の魅力。

WEリーグ
【うぃーりーぐ】

Women Empowerment League の略。2021年9月に開幕する日本初の女子プロサッカーリーグのこと。初年度に参入するクラブは11クラブ。Jリーグ初年度より1クラブ多い「オリジナル11」となった。記念すべき開幕戦の対戦カードが楽しみだ。

ウイニングイレブン
【ういにんぐいれぶん】

コナミが開発、販売している大人気サッカーゲームシリーズ。略してウイイレ。選手の中にも愛好者は多い

が、2020年、セレッソ大阪からの期限付き移籍でアルビレックス新潟でプレーしていた中島元彦はモバイル版のウイニングイレブンで日本でもトップクラスの実力者である。

ウインドー
【ういんどー】

サッカー選手は例外を除いて、いつ移籍してもいいというわけではない。移籍可能な期間が設定されていて、その期間のことを「登録ウインドー」と呼ぶ。この期間のクラブや選手の動きもサッカーの楽しみのひとつ。

ウィントス
【うぃんとす】

サガン鳥栖のマスコット。佐賀・筑後地方に生息するカチガラスのリーダーらしい。身も心もサガン鳥栖の色に染まっているウィントスなのに毎年単年契約。あの色合いなら、他のクラブへの移籍は難しそうだが、まだ複数年契約には至っていない。

©S.D.CO.,LTD.

©2018VVN

ヴィヴィくん
【うぃうぃくん】

V・ファーレン長崎のマスコット。2014年のマスコット総選挙では1位を獲得。♪ヴィヴィくん　ヴィヴィくん　飛べ飛べ高く　ヴィヴィくん　ヴィヴィくん　力の限り♪　ヴィヴィくんにはかわいいチャントがあり、そのチャントに応えるヴィヴィくんもかわいい。

ウェズレイ
【うぇずれい】

ウェズレイ・ハイムンド・ペレイラ・ダ・シルヴァ。愛称ピチブー（猛犬）。名古屋、広島、大分で活躍。J1、217試合出場124ゴール。外国籍選手通算得点歴代2位。ハットトリック8回。2003年、J1得点王。迫力のあるドリブル、シュートに加え高い技術を持ち、どのチームでもゴールを量産。ゴール後の弓矢パフォーマンスも記憶に残る。

ヴェルディ君
【うぇるでぃくん】

2020年12月、東京ヴェルディのマスコット、ヴェルディ君がメインマスコットを勇退し、リヴェルンがメインマスコットに就任することが発表された。リヴェルンの成長を感じたヴェルディ君はなんと勇退を自ら申し出たという。泣けるじゃないか！ヴェルディ君！今後は名誉マスコットという立場（どんな立場だよ！）で、クラブの活動に携わるそうだ。

ヴォルタくん
【うぉるたくん】

徳島ヴォルティスのマスコット。狸がモチーフ。仲良しのティスちゃんとのコンビは、必見。突然、逆立ちをするなどヴォルタくんのトリッキーなボケと、そんなヴォルタくんを温かく見守るティスちゃんのコンビネーションは年々深まっている。

©2009 T.V. CO.,LTD.

内田篤人
【うちだあつと】

清水東高校から2006年に鹿島アントラーズ入り。高卒ルーキーながら開幕戦でスタメンに抜擢される。2007年からの鹿島の三連覇に貢献。その後ブンデスリーガのシャルケへ移籍。東日本大震災の時は「日本の皆へ　少しでも多くの命が救われますように　共に生きよう！」と書かれたユニフォームを着て、被災地にメッセージを送った。2020年8月、突然の引退発表に多くのサッカーファンが驚いた。

宇宙開発
【うちゅうかいはつ】

シュートがゴールから遥かに大きく逸れて、ボールがクロスバーを越えていく様子を表す言葉。味スタで見たフッキ（当時、東京ヴェルディ）のFKはキックの威力が凄まじく、

ゴールを逸れてもボールが伸びていったので、宇宙開発というより大気圏突入という感じだった。

うどんタクシー
【うどんたくしー】

カマタマーレ讃岐のホーム、Pikaraスタジアムに行くなら、うどんタクシーがおすすめ。申し込んでおけば、丸亀駅や高松空港まで迎えに来てくれて、讃岐うどんに精通した専任ドライバーが讃岐うどんのお店に連れて行ってくれて、最後はスタジアムまで送ってくれる。うどんのあんどんがうどんタクシーの目印。

ウノゼロ
【うのぜろ】

1対0で試合を終えること。この勝ち方ができるチームが真に強いチームとも言われるが、負けた方からすると心底悔しいし腹が立つ。

海ポチャ
【うみぽちゃ】

ギラヴァンツ北九州のホームスタジアム、ミクニワールドスタジアム北九州は海に隣接しているため、選手の蹴ったボールがバックスタンドを越えると、ボールが海に飛び込む。そのことを海ポチャと呼ぶ。ボールの行方を追って、子供達はバックスタンド後方に集結し、スタジアムは異様な興奮に包まれる。海に落ちたボールは漁船で待機する北九州市漁業協同組合長浜支所の方が回収する。

裏街道
【うらかいどう】

相手をかわす技術の一つなのに、漢字かつ怪しい響きがたまらない。対面した敵の右にボールを通したなら自分は左を通って、左にボールを通したら自分は右を通って相手を置き去りにする。ディフェンスが寄せてきたタイミングで、三都主アレサンドロは裏街道発動。ディフェンスを抜き去り、スピードに乗った。

AED
【えーいーでぃー】

自動体外式除細動器。突然、正常に拍動できなくなった心停止状態の心臓に電気ショックを施して、正常な拍動に戻すための医療機器。2011年8月、JFLの松本山雅FCに所属していた松田直樹氏が練習中に心筋梗塞で倒れて帰らぬ人となったことを受けて、スポーツの現場でAED設置が促進された。

エーコ
【えーこ】

年々存在感も得点力も増す小池純輝のニックネーム。浦和ユースに入ることが決まっていた小池。練習参加すると、そこにはもう1人純輝がいた（山田直輝の兄）。「じゅんき」枠が埋まっていたので、ついたあだ名が名字の小池から「エーコ」。もちろん、女優の小池栄子さんが由来。どのクラブでもエーコは愛されている。

ACL
【えーしーえる】

AFC（アジアサッカー連盟）チャンピオンズリーグの略称。アジアNo.1クラブを決める大会。現行の大会になった2003年以降、2007年浦和、2008年G大阪、2017年浦和、2018年鹿島が優勝。1967年から2002年まではアジアクラブ選手権と呼ばれていて、1986年古河電工、1987年読売クラブ、1999年ジュビロ磐田が優勝。古河電工のメンバーの中には奥寺康彦や岡田武史の名も。

エースキラー
【えーすきらー】

相手のエースの動きを封じ、仕事をさせない選手のこと。一瞬のチャンスをものにしてきたからこそエースなので、そのエースを封じるためには一瞬たりとも気を抜くことができない。肉体的にも精神的にもタフさが要求される。

エースストライカー
【えーすすとらいかー】

点を取る仕事に特化したタイプのフォワードがストライカーなら、エースストライカーは、チームの中で最も得点数が多い、もしくは多くのゴールが期待できるストライカーのこと。チームの絶対的存在であり、チームの顔であるエースストライカーには、ボールが集まる。味方の選手、スタッフ、サポーターの期待を一身に背負い、その期待にゴールで応えるのがエースストライカーである。

A代表
【えーだいひょう】

年齢制限のない代表チームのこと。フル代表とも言う。A代表最年少出場記録は市川大祐。1998年4月1日、アウェイの韓国戦。17歳322日でのA代表デビューとなった。

エキサイトステージ
【えきさいとすてーじ】

エポック社から発売されていたスーパーファミコンのサッカーゲームソフト。特に「Jリーグエキサイトステージ」はチームと選手が実名で登場しており、スーパーフォーメーションサッカーと人気を二分していた。名前がひらがな表記だったため、Jリーグ創成期の選手名はこのゲームで正確に覚えた人も少なくないはず。

駅前不動産スタジアム
【えきまえふどうさんすたじあむ】

サガン鳥栖のホーム、駅前不動産スタジアム。JR鳥栖駅のホームからすぐそばにスタジアムが見える。見えているから近いのは当然で、鳥栖駅から「虹の橋」を渡って徒歩3分。

駅近だけでなく、純鉄骨造りの観覧スタンドの外観もカッコいい。

えぐる
【えぐる】

相手陣のペナルティエリア内のゴールライン付近まで、ドリブルで侵入して行くこと。ゴール前にスリリングなシーンを生み出す。

エコパスタジアム
【えこぱすたじあむ】

静岡県小笠山公園総合運動公園エコパ。収容人員50,889人のスタジアム。公園内には人工芝グラウンドやエコパアリーナ、多目的運動広場などもある。日韓W杯ではイングランド対ブラジルを含む3試合、2019ラグビーワールドカップでは日本対アイルランドを含む4試合が開催され

た。ジュビロ磐田もホームゲームの一部をこのスタジアムで開催する。

S級ライセンス
【えすきゅうらいせんす】

日本サッカー協会が認定する指導者ライセンスの最高位。取得には年月も費用も要するが、基本的にはこのライセンスがなければJリーグの監督になれない。同じ期間に受講した人達を「S級同期」と呼ぶ。同期は関係性も深く、監督とコーチの関係でチームを率いることもある。

エスコートキッズ
【えすこーときっず】

選手入場の時に選手とともに入場する子供のこと。選手にとっては毎回のことかもしれないが、子供にとっては特別なことで、貴重な体験。槙野智章はいつもエスコートキッズの子供に何か話しかけている。きっと一生の思い出になる。

キッズ？

たまにデカイ子もいる

SBSカップ
【えすびーえすかっぷ】

SBSカップ国際ユースサッカー。1977年、SBS静岡放送開局25周年を記念し、日本と韓国の高校親善大会としてスタート。今では、海外のU-18代表チームが参加する大会に。U-18世代の日本代表と静岡の選抜チームが参加するのが興味深い。これまでに三浦知良、名波浩、小野伸二など錚々たるメンバーがこの大会に出場している。

N-BOX
【えぬぼっくす】

2001年に予定されていたクラブ世界選手権でレアル・マドリーと戦うために、鈴木政一監督率いるジュビロ磐田が披露したシステム。藤田俊哉、奥大介、福西崇史、服部年宏そして名波浩が構成する魅惑の中盤がN-BOXを構成した。結局、レアル・マドリーと戦うことはなかったが、この頃のジュビロ磐田をJリーグ最強のチームと言う人は多い。

Fリーグ
【えふりーぐ】

日本フットサルリーグ。日本のフットサル最高峰のリーグ。湘南ベルマーレやY.S.C.C.横浜のようにフットサルのチームを持つJリーグのクラブもある。テクニックやセットプレーなどフットサル特有のものがあり、見るものを飽きさせない。

エムボマ
【えむぼま】

「浪速の黒豹」とも呼ばれた元カメルーン代表、パトリック・エムボマ。1997年ガンバ大阪に加入。その年の開幕戦で決めたリフティングからの左足ボレーはまさにワールドクラス。伝説級のスーパーゴールだった。日韓W杯の時のカメルーンのキャンプ地となった大分県中津江村（現日田市）の人たちとの交流する姿が記憶に残る。

エメルソン
【えめるそん】

本名、マルシオ・パッソス・ジ・アルブケルケ。愛称エメ。札幌、川崎、浦和で活躍したブラジル人FW。J1、100試合出場71ゴール。J2、52試合出場50ゴール。爆発的なスピードが魅力で、ゴールに向かってドリブルを始めただけでワクワクした。J1でもJ2でも得点王を獲得し、2003年はJリーグMVPにも輝いた。年齢詐称、偽名などの話はあるが、楽しませてもらった私たちにとって、エメはエメでしかない。

エラシコ
【えらしこ】

ロナウジーニョが得意としたフェイントの一種で、セルジオ越後氏が発案、開発し、ロベルト・リベリーノが広めたと言われる。アウトサイドでボールを内側から押し出し、その間に素早く足をボールの外側に回しながらインサイドで引っ掛けるように切り返すテクニック。エラシコとはポルトガル語で輪ゴムとのこと。

EL GOLAZO
（エル ゴラッソ）
【えるごらっそ】

略してエルゴラ。毎週月水金に発行されている日本初のサッカー専門新聞。イタリアのスポーツ紙、「ガゼッタ・デロ・スポルト」を参考に紙面はピンク色。Jリーグや日本代表など国内のサッカーを中心に多くのサッカー情報がちりばめられている。2020年、新型コロナウイルスの影響でJリーグの試合が延期になった時、ひらちゃんが特命編集長を務めた時期もあった。

遠藤保仁
【えんどうやすひと】

愛称ヤット。類い稀なるパスセンスでピッチに美しい幾何学模様を紡ぎ出す稀代のミッドフィルダー。J1出場641試合。日本代表152試合。とも

に歴代1位。カップ戦やJ2も含めると公式戦通算1000試合出場を超えている。

黄金世代
【おうごんせだい】

1979〜1980年に生まれた選手の総称。小野伸二、稲本潤一、高原直泰、遠藤保仁、中田浩二、本山雅志、小笠原満男、加地亮など。1994年、U-16アジアユース選手権カタール大会で優勝。1999年のFIFA U-20ワールドユース選手権ではイングランドやポルトガルといった強豪国を撃破。決勝ではスペインに敗れたものの準優勝。1977〜1978年生まれの世代とともに戦ったシドニーオリンピックでは、メキシコオリンピック以来、32年ぶりの決勝トーナメント進出を果たした。

オウンゴール
【おうんごーる】

自陣ゴールへボールを蹴り込む、もしくは体の一部にボールが当たってゴールに入り、相手チームの得点になること。相手ディフェンスのオウンゴールなのに、自分のゴールだとアピールするフォワードもいるが、VTRで検証され、嘘がバレた時は少し恥ずかしい。

大阪ダービー
【おおさかだーびー】

ガンバ大阪とセレッソ大阪の対戦はセレッソ大阪がJリーグに参入した1995年に始まり、リーグ戦での対戦は2020年で40回を迎えた。リーグ戦の通算成績はガンバ23勝、セレッソ11勝、引き分け6。両者の戦いにはこれまで一度もスコアレスドローはない。

大坂ともお
【おおさかともお】

仙台を中心に活躍するスポーツDJ、ナレーター、ラジオパーソナリティー。ベガルタ仙台のスタジアムDJを20年間務め、2018年に勇退。2020年から、いわてグルージャ盛岡のクラブアドバイザー兼スタジアムDJに就任。東北のスポーツシーンを盛り上げるために日々奔走している。

大迫半端ないって
【おおさこはんぱないって】

「大迫半端ないって、もぉ〜。あいつ半端ないって！ 後ろ向きのボールめっちゃトラップするもん！ そんなんできひんやん普通！」。2009年の全国高校サッカー準々決勝。大迫勇也がフォワードとしてプレーしていた鹿児島城西高校に敗れた滝川第二高校の中西隆裕キャプテンがロッカールームで叫んだ言葉。大迫がロシアW杯コロンビア戦で決勝点を決めると再び話題に。「（大迫）半端ないって」は2018年の新語・流行語大賞のトップテン入りを果たした。

大杉 漣さん
【おおすぎれんさん】

サッカーを、そして出身地のクラブである徳島ヴォルティスをこよなく愛していた大杉漣さん。2018年2月21日、急性心不全でこの世を去ったが、長男で写真家の大杉隼平さんは2020年「父、大杉漣は今年もまた年間会員にさせていただきました。応援させていただきます」とツイート。2020年、徳島ヴォルティスのJ2優勝、J1昇格のセレモニーの時、「10 REN」と背中に書かれたユニフォームを選手は掲げた。

オーセンティックユニフォーム
【おーせんてぃっくゆにふぉーむ】

オーセンティックとは「本物の」、「正真正銘の」という意味。オーセンティックユニフォームとは選手が実際に着用しているユニフォームとほぼ同じもの。ゆえに、カッコいい。だから欲しい。好きな選手のユニフォームだと、なおさら欲しい。しかし、値段は少しお高め。シーズン前から頭を痛める。

大谷秀和
【おおたにひでかず】

柏レイソルのアカデミーで育ち、柏レイソルの中盤を支え続けるバンディエラ。ゴール裏の「H.Otani」の横断幕の色褪せ具合こそ、大谷秀和が長年柏レイソルで戦い続けた証し。ベーシストのように、柏レイソルのリズムを日立台で刻み続けるレイソルの象徴である。

オーバーエイジ
【おーばーえいじ】

オリンピックの男子サッカーで、23歳以下という年齢制限のある代表チームに、24歳以上の選手の登録を認める制度。J3に参戦していたG大阪、C大阪、FC東京のU-23のチームにもオーバーエイジ枠があり、トップチームのレギュラー格の24歳以上の選手がコンディション調整で出場することもあった。

オーバーヘッド
【おーばーへっど】

サッカーの中でもアクロバティックで華のあるプレーのひとつ。オーバーヘッドでゴールが決まると歓声とともにどよめきが起こる。得意な選手は胸でトラップした時に、すでにオーバーヘッドのイメージが湧いている。

次の日の朝、ホテルでこの番組を見てから試合観戦に行くというのも楽しい。

オールスター
[おーるすたー]

1993年から2007年まで、毎年夏に開催されていた。豪華選手の共演は夢も華もあった。今だったら、どんな選手が選ばれるだろうか？ 久々に見てみたい。

オーバーラップ
[おーばーらっぷ]

ボールを持っていない選手が、ボールを持っている選手の外側を追い越す動きのこと。サイドバックの選手にこの動きはよく見られる。数的優位ができ、攻撃に厚みが生まれる。せっかくオーバーラップしてもボールが来ないことがあるにもかかわらず、それでも何度もオーバーラップを繰り返すサイドバックの献身性を見逃してはいけない。

ALL! V・ファーレン
[おーる!ゔぃ・ふぁーれん]

NiB 長崎国際テレビで土曜日の午前9時25分から30分間生放送のV・ファーレン長崎の応援番組。試合詳細や選手の素顔を長崎県民に伝える番組。金曜日の夜、長崎に泊まって、

岡田武史
[おかだたけし]

ワールドカップで、日本代表の監督を二度務め、Jリーグではコンサドーレ札幌でJ2優勝、J1昇格。2003年、2004年は横浜F・マリノスを二連覇に導いた名将。すごい人なのに愛称岡ちゃんというのがたまらない。現在、FC今治の運営会社、株式会社今治.夢スポーツ代表取締役会長。FC今治のJ1入りそしてJ1での優勝争いを目指して挑戦を続けている。

岡山劇場
[おかやまげきじょう]

岡山一成がスタジアムの一体感を煽るため、勝利した試合後にチームメイトとサポーターを巻き込んで始めたパフォーマンスの総称。とりわけクラブ史上初のJ2降格を経験した

2006年の柏では、殺伐としていた日立台の雰囲気がこの男の出現で一変。「レッツゴー柏」の誕生を筆頭に他クラブのサポーターも羨む空気感を作り出し、それは今の日立台にも脈々と受け継がれている。

奥寺康彦
【おくでらやすひこ】

1970〜80年代、世界最高峰のリーグと言われたドイツのブンデスリーガで活躍した初の日本人選手。1.FCケルン、ヘルタ・ベルリン、ベルダー・ブレーメンと3クラブでプレー。高いレベルの安定したプレーぶりで、ドイツのファンからついたニックネームは「東洋のコンピューター」。現在、横浜FC会長兼スポーツダイレクターを務める。

オシム
【おしむ】

イビチャ・オシム元日本代表監督。2003年ジェフの監督に就任。2005年、ヤマザキナビスコカップ（現・ルヴァンカップ）優勝。2006年、日本代表監督に就任するも、2007年脳梗塞で倒れ、その後退任。「考えて走るサッカー」を提唱し、多くの選手や指導者がオシムの影響を受け。「オシム語録」といわれるオシムの言葉は、サッカーの世界だけでなく、人生においても多くのヒントを与えてくれる。

オシムチルドレン
【おしむちるどれん】

明確な定義があるわけではないが、オシムが監督を務めた時のジェフでプレーした阿部勇樹、巻誠一郎、佐藤勇人、羽生直剛などがオシムチルドレンと呼ばれる。オシム日本代表監督のもとでプレーした鈴木啓太や中村憲剛、田中マルクス闘莉王などもオシムチルドレンと呼ばれることもある。

オズワルド・オリヴェイラ
【おずわるど・おりぅぇいら】

2007年、鹿島アントラーズの監督に就任。J1三連覇を含む多くのタイトルを鹿島にもたらした。浦和レッズでは、2018年天皇杯を獲得。選手を戦う気持ちにさせるモチベーターであり、サッカーそして勝利への情熱に満ち溢れた監督。Jリーグ最優秀監督賞を三度受賞している。

おつかめさまです。
ニータンです。

大分トリニータオフィシャルマガジン
MonthlyGOAL別冊

おつかめさまです。ニータンです。
【おつかめさまです。にーたんです。】

大分トリニータのマスコット、ニータンの写真集。大分を愛するニータンらしく、大分県各地の観光地でロケを敢行。大分県のガイドブック的役割も果たす。オフショット？も満載でとにかくかわいい。

小野伸二
【おのしんじ】

誰もが認める日本一のテクニシャン。子供やサッカーファンだけでなく、プロの選手が小野伸二のボール扱いを羨望の眼差しで見つめる。柔らかいボールタッチ、遊び心に溢れるパス。プレーのすべてにサッカーの楽しさが詰まっている。

オフェンシブ・ハーフ
【おふぇんしぶ・はーふ】

攻撃的ミッドフィールダーのこと。フォワードにラストパスを供給しゴールを演出するだけでなく、自らもゴールを奪うことができる中盤のプレーヤーのこと。

オフサイド
【おふさいど】

日本サッカー協会（JFA）公式サイトの「ルールを知ろう！」にはオフサイドについて、「オフサイドは、攻撃側チームの競技者が得点するために、守備側チームのフィールド内で待ち伏せすることを防ぐために定められたルールです」と記されている。Jリーグが開幕した頃、実況アナウンサーは「オフサイドは待ち伏せ禁止です」とよく言っていた。まだ、サッカーのルールやオフサイドは世間に浸透していなかったのだろう。

オフザボール
【おふざぼーる】

ボールを持っていない時やボールに関与していない時のこと。サッカーではオフザボールの動きが重要と言われ、オフザボールの動きの質が高いと、ボールが来た時に良いプレーを遂行することができる。基本的にサッカーではオフザボールの時間の方が長い。

オフト
【おふと】

ハンス・オフト元日本代表監督。あのドーハの悲劇の時の代表監督であ

る。「コンパクト」、「スリーライン」、「トライアングル」、「アイコンタクト」などサッカーの基本を言語化し、日本代表に浸透させた。Ｊリーグでは、磐田、京都、浦和で監督を務めた。

オリジナル10
【おりじなるてん】

Ｊリーグ発足時に加盟した鹿島アントラーズ、ジェフユナイテッド市原、浦和レッドダイヤモンズ、ヴェルディ川崎、横浜マリノス、横浜フリューゲルス、清水エスパルス、名古屋グランパスエイト、ガンバ大阪、サンフレッチェ広島の10クラブのこと。

オリンピックゴール
【おりんぴっくごーる】

コーナーキックから直接決まるゴールのこと。ファーサイドのゴールネットに突き刺さるとカッコいい。

オルンガ
【おるんが】

マイケル・オルンガ。ケニア代表FW。高さ、速さ、しなやかさを併せ持ち、ディフェンスが1対1では止めることが困難な選手。ぐうの音も出ないようなゴールを決めることもしばしば。2019年、J2最終節の京都戦でJリーグ1試合最多得点記録の8ゴール。2020年、28ゴールでJ1得点王に輝き、MVPを獲得。2021年、柏レイソルからカタールのアル・ドゥハイルへの完全移籍が発表された。

オレンジウェーブ
【おれんじうぇーぶ】

清水エスパルスのクラブオフィシャルチアリーダー。IAIスタジアム日本平のピッチでのパフォーマンスはもちろん、試合中はスタンドの隅の方で応援をサポートしている。目立たない加減が実に素晴らしい。

恩返し弾
【おんがえしだん】

移籍した選手が古巣相手にゴールを決めること。できれば、恩返しは別の形にしてほしい。

サッカーはデータ"で"見てもおもしろい

Jリーグ あれこれ ナンバーワン

1993年の開幕から2020年シーズンまで、
さまざまな記録が生まれてきたJリーグ。28年の歴史の中で
「得点」「失点」についての記録をピックアップした。

ハットトリック

最年少
16 歳

最年長
40 歳

最年長はJリーグが開幕した1993年の
第1節、名古屋戦で鹿島のジーコが40
歳2ヶ月13日で達成。最年少はG大阪
の唐山翔自。J3リーグ福島戦にて16
歳345日で達成した。

J1リーグ通算得点

185 点

J1通算得点トップは2021年、C大阪
に復帰した大久保嘉人。川崎在籍時は
2013年から2015年まで3年連続得点
王に輝いた。Jリーグ通算得点トップ
は佐藤寿人で220得点。

日本代表国際Aマッチ得点

75 点

歴代の日本代表で、国際Aマッチ最多
得点を記録しているのは釜本邦茂。
1968年のメキシコオリンピックで7得
点を挙げて得点王に輝くなど、76試合
で75得点を決めている。

J1通算直接FK得点

24 点

J1通算直接FKゴールランキングト
ップは、現在横浜FCに所属する中村
俊輔。1シーズン最多は2010年のマル
シオ・リシャルデス（当時、新潟）で
7ゴールを決めている。

1試合最多ゴール

8点

2019年、J2最終節、柏レイソル対京都サンガF.C.戦で柏のオルンガは1試合で8得点という偉業を達成。最終的にスコアは13対1。Jリーグ最多得点差のゲームになった。

開始最短時間ゴール

7秒

2014年、J2第4節、讃岐対松本戦。キックオフは讃岐。後方にボールを下げたところに、プレッシャーをかけた松本の岩上祐三はボールを奪い、右足を振り抜いてゴールを決めた。

J1・1シーズン最多得点

88点

2020年シーズン、史上最速優勝を決めた川崎フロンターレは記録ラッシュ。勝ち点は最多の83。勝利数も最多の26勝。得点も88で最多なら、得失点＋57も新記録となった。

通算ハットトリック数

8回

2000年から名古屋、広島、大分でプレーしたウェズレイが達成したハットトリックは8回で最多。J1通算、217試合出場124得点。2003年には、得点王にも輝いている。

J1通算PK得点

31得点

J1で通算最多PK得点を記録しているのは、J2のジュビロ磐田に期限付き移籍中の遠藤保仁。1998年、横浜フリューゲルスでデビュー以来、23年連続でゴールを決めている。

J1リーグ最少失点

24失点

J1リーグ最少失点は2008年の大分トリニータ。森重真人、上本大海、深谷友基の3バック。ホベルトとエジミウソンのダブルボランチ。キーパーに西川周作。まさに堅守だった。

外国籍選手
【がいこくせきせんしゅ】

外国籍選手の登録可能人数に制限は設けられていないので、チームに外国籍選手は何人いても良い。とはいえ、プロA契約の選手は原則1チーム25人までだし、試合にエントリーすることができる外国籍選手の上限はJ1、5名。J2、J3では4名と決まっているので、いくらお金に余裕があっても、適正な外国籍選手の数はだいたい決まってくる。

カードコレクター
【かーどこれくたー】

イエローカードやレッドカードが多い選手のこと。褒められたことではないかもしれないが、そもそも試合に出場しなければ、カードを提示されることもない。ゆえにカードを収集するためには技術も体力も必要。

海外組
【かいがいぐみ】

海外クラブに所属する日本人選手のこと。2020年10月、カメルーン代表、コートジボワール代表と戦ったオランダ遠征は新型コロナウイルスの影響もあり、日本代表では初のオール海外組となった。

ガイナマン
【がいなまん】

ガイナーレ鳥取のマスコット、強小戦士ガイナマン。ヒーロー系マスコット。「ガイナバスター」と呼ばれる空気銃でスタンドにプレゼントを放つ。ただ、雨や風の影響があるとガイナバスターの威力が下がるのか、「ガイナハンドスロー」へと変更する。

カウンター
【かうんたー】

カウンターアタック。ボールを奪った瞬間に素早く攻撃に移り、相手の守備陣形が整っていないうちに、相手ゴールに迫る戦術。

影山優佳（日向坂46）
【かげやまゆうか（ひなたざかふぉーてぃーしっくす）】

「あなたのハートにゲーゲンプレス」でお馴染みのアイドル。1歳の時、親に抱かれて日韓W杯決勝スタジアム観戦。広島のゴールパフォーマンスに興味を持ち、現在では海外サッカーにも精通。リーズ・ユナイテッドを愛し、ビエルサに興味津々。そのサッカー愛は間違いなく本物。

賈秀全
【かしゅうぜん】

1992年から2年間、ガンバ大阪でプレーした元中国代表DF。Jリーグ初の中国人選手。ラモス瑠偉と小競り合いになり、退場となったシーンが記憶に残る人も少なくないはず。現在、女子中国代表の監督を務める。

かしわうどん
【かしわうどん】

サガン鳥栖のホームスタジアム・駅前不動産スタジアムに行った際には絶対立ち寄りたい、鳥栖駅ホームにある立ち食いうどん店『中央軒』。ここで食べたいのが九州北部の定番メニューのかしわうどん。さっぱりとした口当たりと、その後口の中に広がる独特の甘さとコクがくせになる一品。旅情気分が高まる。

柏から世界へ
【かしわからせかいへ】

2011年、Jリーグを制しクラブワールドカップに出場した柏レイソル。準決勝でネイマール擁するサントスに敗れ、3位決定戦はPK戦の末敗れ、4位に終わったが、この経験が柏レイソルに関わる人たちの意識を変えた。もう一度あの舞台へ。「柏から世界へ」は柏レイソルに関わるすべての人の合言葉だ。

カズダンス
【かずだんす】

カズこと三浦知良のゴールパフォーマンス。原型は柏にも在籍したカレカのパフォーマンス。それを基本にカズが考え田原俊彦さんがアレンジして完成。2011年3月29日に開催された「東北地方太平洋沖地震復興支援チャリティーマッチ」でのゴール後のカズダンスは本当に感動的だった。

勝ち点
【かちてん】

現在、勝利は勝ち点3。負ければ勝ち点0。引き分けは勝ち点1。しかし、Jリーグ創成期には、延長Vゴール方式が採用され、それでも決着がつかない場合はPK戦も行われていた。そして、延長Vゴールの勝利を勝ち点2とする時代もあったし、PK負けを勝ち点1とする時代もあった。

勝ちロコ
【かちろこ】

清水エスパルス勝利後、サポーターと選手が繰り広げる勝利の儀式。右に左に移動する光景は実に楽しげ。勝ちロコ終了後、公式応援歌「王者の旗」への流れが、エスパルス勝利後の方程式である。

カットイン
【かっといん】

サイドから中にドリブルで切れ込んで行くこと。右サイドで左利きの選手が、左サイドで右利きの選手がドリブルでカットインしてシュートまで持ち込む形は、見ていてもワクワクする。

川平慈英
【かびらじえい】

テレビ朝日系の日本代表中継には欠かせない人物。読売サッカークラブのユースチームに在籍していた。「く

ぅ〜」とか「いいんです！」などのインパクトあるフレーズが印象的。日本代表への愛情と強烈な目力で中継を牽引する。

下部組織
【かぶそしき】

アカデミーと呼ばれる、若い選手の育成を目的として各クラブが設けている組織。ピラミッド型になっていて、U-15,U-18と年齢が上がるにつれ、ふるいにかけられ、狭き門となっていく。

カブレラ
【かぶれら】

川崎フロンターレの公式マスコットの仲間。かつてはピーカブーという名前で活躍していたが、一旦活動終了。しかし、すぐに「カブレラ」として復活。ふろん太、コムゾーとともに等々力に素晴らしい世界観を生み出す。守田英正がポルトガルのクラブへ移籍の際は、約1500文字もの心温まるメッセージを贈った。

©KAWASAKI FRONTALE

カマコロ
【かまころ】

カマタマーレ讃岐のスタグルの中で人気なのがカマコロ。外はサクサク、中はフワフワのコロッケ。風味とコクそしてほどよい大きさ。スタグル気分が加速する。

蒲田健
【がまだけん】

ジェフユナイテッド千葉のスタジアムDJ。とにかく声が男前でカッコいい。テレビやCMのナレーション、ラジオのDJ、ラグビーワールドカップ2019のスタジアムDJやフィギュアスケートの場内MCなど活躍は多岐に渡る。

釜本邦茂
【かまもとくにしげ】

1968年のメキシコオリンピックで7ゴールを奪い得点王に輝き、日本の銅メダル獲得に大きく貢献。日本サッカーリーグでは251試合出場202得点。国際Aマッチ76試合出場75得点。日本サッカー史上最高のストライカーであることは数字から見ても明らか。シュートの強さ、プレーの迫力、すべてにおいて世界レベルだった。

神セーブ
【かみせーぶ】

誰もがゴールが決まると確信するようなシュートを神懸かり的なセーブで失点を防ぐこと。その中でも印象的なのは、2003年から2018年までアビスパ福岡に在籍していたゴールキーパーの神山竜一。一度ゾーンに入ると、神懸かり的セーブを連発。名字に「神」が含まれていることもあって、まさに神セーブだった。

本代表を支え続けた魂のゴールキーパー。国際Ａマッチ116試合出場は歴代5位。GKでは1位。2004年アジアカップ準々決勝ヨルダン戦のPK戦でのパフォーマンスは語り草。守護神という言葉は川口能活のためにあると言っても過言ではない。

KAMO
【かも】

日本全国に店舗を展開するサッカー用品の専門店、サッカーショップKAMO。創業は1968年。ユニフォームやスパイクなど色鮮やかなサッカー用品は見ているだけで楽しい。新品のサッカーシューズの独特の匂いを嗅ぐとKAMOのサッカーシューズコーナーを思い出す。

カモンロッソ
【かもんろっそ】

ロアッソ熊本勝利後、サポーターそして選手がともに分かちあう勝利の儀式。リズミカルなビートはロアッソに関わる人たちの歓喜の鼓動。非常にノリが良く、踊りたくなるカモンロッソは熊本を飛び出し、令和最初の春高バレー王者・京都の東山高校のバレー部の選手達もカモンロッソで喜びを分かちあった。

川口能活
【かわぐちよしかつ】

並外れた瞬発力、前に出る判断力。そして、動じない精神力を持ち、日

革靴ボレー
【かわぐつぼれー】

2009年、J1第29節。横浜FM対名古屋戦でのこと。ピッチ内に負傷者が出たので、横浜FMのGK榎本哲也がボールを外に蹴り出した。すると、ベンチ前にいた名古屋のストイコビッチ監督は、そのボールを革靴を履いた右足でダイレクトボレー。美しい軌道を描いたボールは見事ゴールに吸い込まれた。目を疑うような映像は、たちまち世界中に拡散された。

川淵三郎
【かわぶちさぶろう】

「開会宣言。スポーツを愛する多くのファンの皆様に支えられまして、Jリーグは今日ここに大きな夢の実現に向かってその第一歩を踏み出します。1993年5月15日、Jリーグの開会を宣言します。Jリーグチェアマン　川淵三郎」。満員の国立競技場での川淵三郎初代Jリーグチェアマンの言葉でJリーグは始まった。川淵三郎氏がいなかったら、日本にプロのサッカーリーグは生まれていただろうか？　まさにJリーグの生みの親である。

ガンジーさん
【がんじーさん】

白沢敬典通訳の愛称。インド独立の父として知られるマハトマ・ガンジーに風貌が似ていることから、誰からもガンジーさんと呼ばれ愛されるポルトガル語の通訳。2021年、レヴィー・クルピ監督がセレッソ大阪の監督に復帰したことが話題になったが、ガンジーさんがセレッソに復帰したことも話題となった。

カンセキスタジアムとちぎ
【かんせきすたじあむとちぎ】

栃木県宇都宮市に誕生した収容人数約2万5000人の新しいスタジアム。バックスタンド上層部には、座席の色分けでイチゴとひらがなで「とちぎ」と描かれていて、けっこう可愛い。2020年は、栃木SCのラスト2試合、千葉戦と磐田戦が開催された。

間接フリーキック
【かんせつふりーきっく】

キッカーの蹴ったボールが、誰にも触れずゴールネットを揺らしたとしても、ゴールが認められないのが間接FK。ペナルティエリア内の間接FKはおもしろい。攻撃側の選手が少しでもボールに触ったら、ここぞとばかりにボールに襲いかかる守備側の選手達。この攻防が実に楽しい。それにしても、ペナルティエリア内の間接FKは決まりませんねー。

完全移籍
【かんぜんいせき】

レンタル移籍、ローン移籍などとも言われる期限付き移籍ではない、通常の移籍のこと。前所属クラブと契約期間が残っていた場合は、違約金（移籍金）が発生する。

監督会見
【かんとくかいけん】

試合後、必ず行われるのが監督会見。まず、監督が試合の感想を述べ、その後記者との質疑応答。ガンバ大阪の宮本恒靖監督は2018年8月、FC東京戦で初勝利。監督会見が終わると、自ら拍手をしてから拳を突き上げ、会見場を去っていった。緊張感が張り詰めていた会見場の空気が一気に和んだ。

ガンバ大阪チアダンスチーム
【がんばおおさかちあだんすちーむ】

2005年結成。ハーフタイム等での
パフォーマンスはもちろんのこと、
試合中も休むことなく、コーナー付
近でサポーターが歌うチャントに合
わせて踊り続けている。選手同様、
彼女たちもハードワークを怠らない。

ガンバクラップ
【がんばくらっぷ】

ガンバ大阪勝利後、選手とサポータ
ーが一体となって繰り広げる勝利の
儀式。アイスランド代表のバイキン
グクラップがモチーフ。パナソニッ
クスタジアム吹田で見るガンバクラ
ップは厳かで神聖な雰囲気がある。

ガンバサダー
【がんばさだー】

ガンバ+アンバサダー＝ガンバサダ
ー。ガンバ大阪の地域貢献活動を推
進する役割。初代は松波正信氏。た
だ、松波正信氏がガンバサダーを退
いてから、新しいガンバサダーは登
場していない。二代目ガンバサダー
は一体誰になるのだろうか？

関門海峡ダービー
【かんもんかいきょうだーびー】

レノファ山口FCとギラヴァンツ北
九州の対戦のこと。2016年、北九
州ホームでこのダービーはスタート
したが、この時はまだ北九州市立本
城陸上競技場だった。勝利クラブに
「関門海峡Derby WINNERS」と書

かれたフラッグが渡される。通算対
戦成績は山口3勝。北九州1勝。引き
分けはない。

キーパーグローブ
【きーぱーぐろーぶ】

ゴールキーパーには欠かせないキー
パーグローブ。ゴールキーパーのセー
ビングやキックとともにその選手
の個性の一部であり、ゴールキー
パーがサッカーにおいて特別のポジシ
ョンであることを感じさせる。色や
デザイン、材質などバリエーション
も豊富。よく耳にするスポーツメー
カーのものから、uhlsport（ウール
シュボルト）、reusch（ロイシュ）
などキーパーグローブでよく聞くメ
ーカーのものまで、たくさんの種類
がある。

キーパーチャージ
【きーぱーちゃーじ】

ゴールキーパーを守るためのルール
で、ゴールエリア内でゴールキーパー
に接触するとファウルになるとい
うもの。しかし、1997年のルール
改正でこのルールはなくなっている
（20年以上前の話）。それからはチャ
ージに関してはゴールキーパーとフ
ィールドプレーヤーの扱いは基本的
には同等。「キーパーチャージ！」と
大声で叫んでいる人がいたら教えて
あげましょう。

利き足は頭
【ききあしはあたま】

普通なら足で行くような低いボール
でも、頭から泥臭く飛び込んで行く
ような選手が言った、もしくは言い
そうなセリフ。中山雅史、巻誠一郎、
岡崎慎司あたりが代表格。

期限付き移籍
【きげんつきいせき】

現在所属しているクラブとの契約を
保持したまま、期間を定めて他のク
ラブへ移籍する制度。レンタル移籍、
ローン移籍などとも呼ばれる。

危険なスコア
【きけんなすこあ】

「2対0は危険なスコアです」。サッカ
ー中継でよく語られるセリフ。確か
に、1点返されたら、相手の追い上げ
ムードは加速する。2対3の逆転負け
がないわけでもない。しかし、実際
は2点取ってからの逆転負けはそれほ
ど多いわけではない。2対0で安心は
できないが、危険なスコアではない。

喜作のソーセージ盛り
【きさくのそーせーじもり】

ジェフユナイテッド千葉のホーム、フクダ電子アリーナの大人気スタジアムグルメ。フクアリに行って、これを食べないなんて愚の骨頂。通常でもソーセージの量は多くコスパ抜群だが、タッパーを持参するとさらに多く盛ってくれる。ゆえにタッパーは必須。

北関東ダービー
【きたかんとうだーびー】

2005年にザスパ草津がJリーグに加入。J2に北関東のクラブが水戸ホーリーホックと2クラブになったことで始まった北関東ダービー。2009年には栃木SCも加わり、3クラブ（2クラブの時もあるけど）による北関東ダービーが始まった。2020年、水戸が制した北関東ダービー。かなり熱いゲームが繰り広げられた。

キヅール
【きづーる】

折り鶴がモチーフのいわてグルージャ盛岡の公式マスコットキャラクター。直線的なフォルムは、Jリーグマスコットの中でも異彩を放つ。見た目からは想像もつかないほど、高いアジリティの持ち主。「折れない心」が座右の銘。

キッカー
【きっかー】

ボールを蹴る人のことだが、特にFK、CK、PKなど止まっているボールを蹴る選手のことを言う。ドイツNo.1のサッカー専門誌の名前も『kicker』だ。

キックオフ
【きっくおふ】

前半、後半、延長戦の前後半開始の時、得点後の試合を再開する時にセンターマークに置かれたボールを蹴り出し試合をスタートさせること。1人キックオフは最初違和感があったが、いつの間にか見慣れた。

キックオフカンファレンス
【きっくおふかんふぁれんす】

シーズン開幕前の恒例イベント。各クラブの監督と選手1名が一堂に会し、ステージ上で抱負を語ったり、マスコミの取材に応じたりする。最近はJ1のみになったが、かつては全カテゴリーの監督と選手1名が参加した。普段なかなか取材することがない監督や選手にも取材できたので、非常に貴重な機会だった。

キックターゲット
【きっくたーげっと】

数字が書かれた的や丸くくり抜かれた穴を狙ってボールを蹴る遊び。スタジアムの外でも、子供向けの遊びとしてよく見かける。意外と難しく、的中すると本当に嬉しい。

木村和司
【きむらかずし】

「ミスターマリノス」と呼ばれた日本サッカーのレジェンド。1981年から日産自動車で活躍。1986年に導入されたプロサッカー選手登録制度に第1号として登録。1993年、Jリーグ発足に伴って横浜マリノスと契約。日本代表としても活躍し、メキシコW杯アジア最終予選、韓国戦でのFKからのゴールは伝説。2020年、第17回サッカー殿堂入りが決まった。

気持ちはわかる
【きもちはわかる】

選手がファウルやあまり良くないプレーの選択をした時に解説者が使う常套句。意外とフォローになっていないことも。

キャップ数
【きゃっぷすう】

代表戦での出場試合数を示すもの。サッカーやラグビーの母国イングランドでは、代表選手として試合に出場した選手にキャップ（帽子）が贈呈されたことが由来。サッカー日本代表では実際にキャップが贈呈されることはないが、ラグビー日本代表では、初出場した選手にキャップを授け、その後は5キャップ重ねるごとに選手個々に星型のワッペンが贈られる。

キャプテン翼
【きゃぷてんつばさ】

高橋陽一作、大人気サッカー漫画。国内だけにとどまらず海外のサッカー選手にも影響を与えた。アレッサンドロ・デル・ピエロがFC岐阜の試合会場に登場し、イベントに参加

したのもキャプテン翼が縁。サッカーの発展にも大きく貢献している。

キャプテンマーク
【きゃぷてんまーく】

ユニフォームの規定では、「キャプテンアームバンド」と呼ぶらしいが、キャプテンマークという呼び名が定着しているので、そのままで問題ない。「腕章」って呼び方もカッコいい。2010年、南アフリカW杯直前に日本代表のキャプテンに任命された長谷部誠は、ブラジルW杯、ロシアW杯とワールドカップ3大会で日本代表のキャプテンを務めた。

QBK（柳沢敦編）
【きゅーびーけー（やなぎさわあつしへん）】

W杯ドイツ大会、日本対クロアチアの51分。加地亮のクロスを柳沢敦は右足アウトサイドで合わせたが、シュートは外れた。試合後、「急にボールが来たので」と振り返った言葉が一人歩き。頭文字をとって「QBK」として世間に広がった。2017年、Jリーグの企画に登場した柳沢はこのプレーに関し、当時の日本代表監督ジーコ氏に謝罪。ジーコ氏は「謝ることは何もない。サッカーにはつきものだから」と優しく答えた。

QBK（加地亮編）
【きゅーびーけー（かじあきらへん）】

QBKのボールを送った側の加地亮は数年後、自身のプレーを振り返りこう言った。「あれはシュートです」。クロスではなくシュートのつもりで足を振っている。「QBK」と言っているだけでは考察が浅い。予測が鋭い柳沢敦は加地亮の足の振りからシュートだと予測したに違いない。「急にボールが来たので」の前に「シュートだと思ったら」をつけると、このプレーに対する見方が変わる。

狂気の左サイドバック
【きょうきのひだりさいどばっく】

一志治夫著。ドーハの悲劇の裏側で、ケガに苦しみながらも、なんとかピッチに立とうともがく都並敏史の姿を追ったノンフィクション作品。サッカーそして日本代表に全てを捧げた男の壮絶な生き方に圧倒される。名著。

キラーパス
【きらーぱす】

相手のディフェンス陣が危機的状況に陥るような、決定的な得点機会を作り出すパスのこと。パスが出た瞬間、一瞬スタジアムが静かになる。もしくは、悲鳴に近いような声がスタンドから聞こえたら、それがキラーパスだ。

キロ弁
【きろべん】

FC琉球のホームゲームのスタグルでお馴染みなのがキロ弁。総重量1kgの超デカ盛り弁当。ぎっちり詰まったおかずの量に圧倒される。腹ペコ青年男子には最適。

キング
【きんぐ】

キングといえばカズこと三浦知良だが、城後寿もキングと呼ばれるにふさわしい選手。アビスパ福岡一筋。背筋を伸ばしてエレガントなプレーを披露する姿はまさにキングだが、それ以上にアビスパのために泥まみれになって戦う姿こそが、彼がキングと呼ばれる由縁。400試合出場達成を祝うためにゴール裏に掲げられた「KING 400」の文字は城後寿が愛されるキングであることを象徴していた。

クイックリスタート
【くいっくりすたーと】

素早くフリーキックを始めること。相手の守備の態勢が整っていない時は効果的。チーム全体でクイックリスタートに対する意識が共有されていると、攻撃への勢いが生まれ、ビッグチャンスに繋がることもある。

くくる
【くくる】

ガンバ大阪のホーム、パナソニックスタジアム吹田のスタグルはバラエティに富んでいて、楽しみは尽きないが、やはり「たこ家道頓堀くくる」のたこ焼きは定番中の定番。人気なので行列はできるが、待つだけの価値はある。たまにアウェイのスタジアムでも出店している時があり、めちゃくちゃラッキーな気分になる。

久保建英世代
【くぼたけふさせだい】

ヘタフェCFに所属する久保建英を筆頭に、多くの逸材が顔を揃える2001年4月から2002年3月までに生まれた世代のこと。斉藤光毅、荒木遼太郎、染野唯月、西川潤、鈴木唯人、小久保玲央ブライアン、松村優太など。海外のクラブでプレーする選手やJリーグの舞台で活躍する選手も少なくない。2019年に開催されたFIFA　U-17ワールドカップではグループリーグを首位で突破し

たものの、ラウンド16で敗退した。

組長
【くみちょう】

2018年4月。開幕5戦勝ちなしの成績不振で解任された浦和レッズの堀孝史監督に代わって、登場したのが育成ダイレクター兼ユース監督から昇格した大槻毅暫定監督。驚いたのはその風貌。スーツ姿にガチガチのオールバック。ついたあだ名が「組長」。最高のキャラクターはクラブの枠を超えて愛された。

ゴゴゴ　ゴゴゴ

クモ男
【くもおとこ】

1993年清水エスパルスのGKコーチとして来日したものの現役復帰し、731分間無失点のJリーグ記録を作ったシジマールの愛称。手足の長さから「クモ男」と呼ばれ親しまれた。

フレンドリーだが、握手をする時の握力が半端ないのでご注意を。

グラウンダー
【ぐらうんだー】

浮いているボールやバウンドしているボールではなく、ピッチの上を転がっていくボールのこと。グラウンダーのパス。グラウンダーのクロスなど。ゴロといえばゴロだけど、ゴロは野球感が強い。

グラップ
【ぐらっぷ】

グランパス＋クラップ＝グラップ。グラップにより、名古屋グランパスのホームゲームのスタジアムはひとつになる。そして、独特の拍子がさらに一体感を高める。少し難しいのが実に良い。

クラブユース選手権
【くらぶゆーすせんしゅけん】

日本クラブユースサッカー選手権大会の通称であり、"クラ選"と略されることも。各地域予選を勝ち抜いたチームが、U-18は群馬と東京に、U-15は帯広に集まり、毎年夏に開催されている全国大会である。インターハイや高校選手権に比べれば知名度は低いものの、Jリーグ下部組織の強豪が参加することもあり、高校年代最高峰レベルの戦いが繰り広げられる。

クラブワールドカップ
【くらぶわーるどかっぷ】

FIFAクラブワールドカップは世界一のクラブを決める大会。六大陸のクラブチャンピオンと開催国のリーグ戦チャンピオンの7チームで世界一の座を競う。国際サッカー連盟（FIFA）は2021年のFIFAクラブワールドカップを同年12月に日本で開催することを発表。クラブワールドカップが日本に帰ってくる！

グランパスくん
【ぐらんぱすくん】

名古屋グランパスのマスコット。マスコット総選挙では、2018年、2019年と連覇を達成。表情、フォルム、動きすべてが愛くるしい。長年活躍しているにもかかわらず、鮮度はまったく落ちていない。

©2016 N.G.E.

クリア
【くりあ】

危険を回避するため、ボールを大きく蹴り出すこと。危機的状況なのでミスは避けたい。クリアミスにより相手はビッグチャンスを迎え、ミスした側は壊滅的ダメージを受ける。

グリーンカード
【ぐりーんかーど】

日本サッカー協会がU-12以下の大会を対象にフェアプレーを推進することを目的として2004年度に導入したもの。負傷した相手への思いやり、意図しなかったファウルの際の謝罪、フェアな態度で臨んだチームなどに審判が提示する。

クリーンシート
【くりーんしーと】

無失点で試合を終えること。シートは「seat」ではなく「sheet」。「席・イス」ではなく「用紙」。クリーン（＝きれい）な用紙。テストの答えが分からず、手付かずでテストの用紙は綺麗なまま。だから0点というわけではなく、無失点の試合の場合、サッカーの記録を記す用紙に何も書くことがなく、綺麗なまま。ゆえに、無失点＝クリーンシートとなった。

クリロナ
【くりろな】

クリスティアーノ・ロナウドを短くした、日本的呼び方。おそらく本人はそう呼ばれていることを知らないだろう。とあるニュースのスポーツコーナーでアナウンサーが「クリロナ選手」と呼んでいるのには笑ってしまった。

グロインペイン症候群
【ぐろいんぺいんしょうこうぐん】

別名「鼠径部痛症候群」と呼ばれ、サッカー選手に多い。恥骨への過度な負荷やストレス、使いすぎによって筋力や柔軟性が低下して起こるもので、鼠径部、下腹部、坐骨部、内転筋などの周辺に起こる痛みをまとめて呼ぶ。一度かかると治りにくく、中田英寿、中村俊輔、長谷部誠など著名選手もこの症状に悩まされている。

ゲーフラ
【げーふら】

ゲートフラッグの略。布の両端に棒を通して掲げる様子がゲートのように見えるのでゲートフラッグと呼ばれる。自分の思いを込めたものから、気の利いたパロディ的なもの、選手の似顔絵、アニメ的なものまで。一つひとつが思いのこもった作品なので、じっくり鑑賞してみたい。

ケチャップドバドバ
【けちゃっぷどばどば】

略してケチャドバ。「ゴールはケチャップみたいなもの。出ない時は出ないし、出る時はドバっと出る」という本田圭佑の発言から広まった。事実、ゴールのなかったフォワードが1点決めると、急に連続でゴールし始めたり、打てども打てども得点できなかったチームが、突然大量得点したりすることがある。ケチャドバの源流はオランダ人FWルート・ファン・ニステルローイ。

クロッサー
【くろっさー】

サイドのプレーヤーで、スピードで突破するというより、キックの精度が高く、正確なクロスでゴール前のチャンスを演出する選手。佐藤由紀彦や水野晃樹、太田宏介など。クロスを上げるだけでスタジアムを沸かせることができる。

ゲーゲンプレス
【げーげんぷれす】

ボールを奪われた瞬間から即座にプレスをかけ、ボールを奪取する戦術。ユルゲン・クロップ監督の代名詞とも言える戦術。最近では、日向坂46の影山優佳さんの「あなたのハートにゲーゲンプレス」でもよく耳にするようになった。戦術の幅が広がっているようだ。

決定力不足
【けっていりょくぶそく】

得点機、絶好機を決められないことを指す。しかし、元々得点が多く入るわけでもなく、かつ守備戦術が進化するスポーツにおいて、決定力が充足もしくは決定力が超過しているチームなど皆無に近い。決定力が高まらないもどかしさこそがサッカーのおもしろさであり、ゆえに試合後のビールの絶好の肴になる。

©2018 FUJIEDAMYFC

蹴っとばし小僧
【けっとばしこぞう】

藤枝MYFCのマスコット。「見た目が怖い、目が笑っていない」と蹴っとばし小僧は自らの短所を語っている。その見た目のせいなのか、マスコット総選挙初挑戦の2019年は52位で下から2番目。2020年は53位と最下位に沈んだが、2021年は飛躍を期待しているぞ！

ゲンゾイヤー
【げんぞいやー】

石川県民を絶望の淵に叩き落とし、憎きツエーゲン金沢の邪魔をする悪者ヤサガラスからツエーゲン金沢を守るために現れた正義のヒーロー。石川県西部緑地公園陸上競技場で繰り広げられるストーリーから目が離せない。

こ

コイントス
【こいんとす】

カッコよくコインを親指で弾き、キャッチする人。ピッチに落とす人。親指で弾いたコインが風に流れていったり、親指で弾いてもあまりコインが回転しなかったり、そもそも親指にうまくコインが乗らなかったり……と、主審のキャラクターを見ることができて、けっこうおもしろい。

攻撃のスイッチ
【こうげきのすいっち】

攻撃のきっかけになるようなプレーのこと。スイッチが入った瞬間をチーム全体で共有できていれば、攻撃に厚みも迫力も出る。縦方向のパスがスイッチになることが多いが、チームによってスイッチになるプレーは違うので、スイッチを探すのもおもしろい。

高校選手権
【こうこうせんしゅけん】

全国高等学校サッカー選手権大会の通称であり、高校サッカー界最大にして最高の大会。Jリーグ開幕以前から圧倒的な注目度を誇り、数々のスターがこの舞台から巣立っていった。戦後の最多優勝は帝京高校と国見高校の6回。個人通算得点1位は平山相太（国見高校）の17得点。日本中の高校サッカー部員は、この大会に出るためにすべてを懸けていると言っても過言ではない。

神戸讃歌
【こうべさんか】

阪神・淡路大震災が発生した1995年1月17日は、ヴィッセル神戸のクラブ発足後初練習を予定していた日だった。被災し、少しずつ立ち直っていく神戸の街とともに歩み、これからも歩んでいくヴィッセル神戸。「♪美しき港町　俺たちは守りたい　命ある限り　神戸を愛したい♪」

神戸讃歌には神戸の街そしてヴィッセル神戸を愛する人たちの気持ちが込められている。

コーナーキック
【こーなーきっく】

それほどゴールは決まらないという統計学的なデータもあるようだが、ゴール前での、もっといえばゴール裏のサポーターの前でのコーナーキックにはドラマがあるし、接戦の時や試合終了間際のコーナーキックは緊張感が増す。

コーナーフラッグ
【こーなーふらっぐ】

ボールが越えたラインはゴールラインか？ タッチラインか？ を判断する基準になるという重大な責務を負っているにもかかわらず、抜かれたり、蹴られたり、折られたりと散々な仕打ち。だから、ゴールを決めた佐藤寿人が近づいてきてくれた時は、心底喜んでいるに違いない。

ゴール裏
【ごーるうら】

ただゴールの後方にある座席のエリアというだけでなく、チームを後押しする途轍もないパワーが生み出される場所である。サッカーの情熱、熱狂がゴール裏にはあり、サッカーにしかない空気感が醸成される。

ゴールキーパーコーチ
【ごーるきーぱーこーち】

ゴールキーパーの可能性を広げるのはゴールキーパーコーチ。ゴールキーパーコーチの仕事の中でも重要な仕事の一つは、試合で飛んでくるシュートと同程度のシュートを打つこと。ボテボテのシュートでは練習にならないので、強いシュートを打たなければならない。練習場で誰よりも多くシュートを打っているのはゴールキーパーコーチである。

ゴールキック
【ごーるきっく】

競技規則の改正でおもしろくなったのがゴールキック。後方からボールを繋ぎたいチームと、前からプレッシャーをかけたいチームの攻防など、いろんな駆け引きが見られるようになった。

ゴールゲッター
【ごーるげったー】

得点能力の優れた選手のこと。

ゴールパフォーマンス
【ごーるぱふぉーまんす】

ゴールセレブレーションとも言われる、ゴール後の喜びの表現。ゆりかごダンス、靴磨き、おしゃぶりなどの定番ものから、身体能力を生かした華のあるアクロバティック系や、かつてサンフレッチェ広島が繰り広げた集団ゴールパフォーマンスなど、さまざまなパフォーマンスがある。引退した林陵平が披露した海外選手のゴールパフォーマンスもおもしろかったが、セレクトがマニアックすぎて、誰のパフォーマンスなのかわからないものもあった。

ゴールライン
【ごーるらいん】

長方形のフィールドの短い方のライン。標準サイズは68m 。

ゴールラインテクノロジー
【ごーるらいんてくのろじー】

複数のカメラでゴール付近を撮影し、ボールがゴールラインを越えたかどうかを判定するシステム。ゴールした時は、1秒以内に主審の腕時計に振動とともに「GOAL」と表示される。費用が高く、稼働する状況が必ず訪れるわけではないので、費用対効果は低い。

コールリーダー
【こーるりーだー】

略してコルリ。サポーターの応援を牽引するリーダー。コールリーダーが先導する応援の歌や声は選手を後押しするのはもちろん、ゲームに流れや勢いをもたらし、ピッチやスタンドに熱を生み出す。サッカー演出家の一人。

国立競技場
【こくりつきょうぎじょう】

2019年に開場した現在の国立競技場の収容人数は約68,000人。スタンドは上に行くほど傾斜がついていて、陸上トラックはあるものの、それほどピッチは遠く感じない。新しい国立にはどんな歴史が刻まれていくだろうか？

個人昇格
【こじんしょうかく】

下位カテゴリーのクラブから上位カテゴリーのクラブに移籍すること。JFL、J3、J2、J1と4つのカテゴリーの開幕戦でゴールの経験がある藤本憲明やFC琉球でJ3の優勝を果たした翌年、横浜FMでJ1優勝に貢献した朴一圭など、個人昇格しながら、キャリアを積み重ねている。

ごっつぁんゴール
【ごっつぁんごーる】

あとは流し込むだけというようなお膳立てアシストからのゴールや、目の前ガラ空きの状態でボールがこぼれてきて、あとは決めるだけの状態でゴールを決めること。ごっつぁんゴールを決める選手は同じ選手が多く、つまりいつもゴールを狙っているということ。ゴールへの嗅覚が優れているのだ。代表格はもちろん武田修宏さん。

小鳥救出劇
[ことりきゅうしゅつげき]

2020年10月14日。J2、甲府対北九州の前半、ピッチに小鳥が迷い込んだ。悩める小鳥を見つけた家本政明主審は試合を止めることなく小鳥を拾い上げ、右手で確保しながらレフェリングを続け、おもむろにメインスタンド側に向かい、第4審判に小鳥を手渡したという心温まる救出劇。しばしの休憩後、小鳥は羽ばたいていったそうだ。

ゴラッソ
[ごらっそ]

ゴラッソ（golazo）はスペイン語で素晴らしいゴールという意味。さらに素晴らしいゴールはスーペルゴラッソ。

コレオグラフィー
[これおぐらふぃー]

略してコレオ。ゴール裏もしくはスタジアム全体に描かれる芸術作品。コレオが浮かび上がる瞬間は鳥肌もの。曲線や漢字を描くなんて感動でしかない。人が少なくて、きれいに絵が浮かび上がらない歯抜け感も、それはそれでおもしろい。

コレクティブ
[これくてぃぶ]

組織的な、集団的なという意味。個の力だけに頼ることなく攻守に一体感があり、連動しているチームやその戦い方を形容する時にこの言葉が使われる。

コロコロPK
[ころころぴーけー]

ゆっくりとした助走でボールに近づき、キーパーの動きを見極めて、キーパーが飛ぶ方向とは逆方向にボールを流し込むように蹴り込むPKのことで、ピッチの上をゆっくりとボールが転がっていくのでコロコロPKと名付けられた。遠藤保仁の得意技。遠藤はコロコロPKの極意として、キーパーの動きを見極めて逆を突くこと、そして蹴る瞬間もキーパーを見ておくこと、と語っている。

ゴンゴール
【ごんごーる】

ゴン、ゴン中山、ゴンさん、ゴンちゃん、中山隊長と呼ばれ愛される中山雅史が決めるゴールのこと。闘志むき出しの気迫溢れるプレーで、魂のこもったゴールが多く、その勇姿は記憶に残り続ける。

コンサドールズ
【こんさどーるず】

2017年に結成20周年を迎えた北海道コンサドーレ札幌オフィシャルダンスドリルチーム。サッカー選手同様、キッズ、ジュニア、ユース、サテライトと段階を経てトップに入ることができる。かつてコンサドールズのキャプテンを務めていた西桜子さんは、浦和レッズに所属する西大伍の妹。

コンパクト
【こんぱくと】

フォワードがいる最前線とディフェンスラインの間の距離を短くして、スペースを圧縮すること。相手に不用意なスペースを与えず、攻撃に移った時には、素早くサポートすることができる。コンパクトではない状態を間延びと呼ぶ。

コンフィコンフィ
【こんふぃこんふぃ】

FC町田ゼルビアのホーム、町田GIONスタジアムでは鶏もも肉のコンフィ専門のキッチンカー「コンフィコンフィ」の美味しいコンフィが食べられる。皮は香ばしく、中は柔らかくてジューシー。スタグルでコンフィが食べられるなんて、本当に幸せを感じられる一品である。

記憶に残る名シーンには、
いつだってお前がいた!

サッカーボールの歴史と変遷

今の子供たちはサッカーボールを描くときどんなデザインのものを描くのだろうか?

かつてはサッカーボールといえば黒五角形、白六角形が定番だった。それまでは茶色のボールや、もっとさかのぼれば豚や牛の膀胱を膨らませて、外側から布などを巻いてボールとして使用していたらしい（見たことがないから本当かどうかわからないけれど……）。

1970年のメキシコワールドカップで公式球に使用された「テルスター」は黒五角形、白六角形のいわゆる定番モデル。観客の視認性も高く、当時の白黒テレビでも映りが良かったという。1978年のアルゼンチンワールドカップに登場した「タンゴ」のデザインは衝撃的で、これまでのサッカーボール定番デザインのイメージを覆した。子供の時、試合球としてタンゴが使用されると、いささか興奮気味だった。

1993年、Jリーグ開幕時、Jリーグ公式球に採用されたのは「エトルスコ ユニコ」。1990年イタリアワールドカップでの公式球として採用されたサッカーボール。当時はまだ、ボールにJリーグのロゴマークが印刷できず、シールを貼ったものだった。2002年、2003年のJリーグ公式球は「フィーバーノヴァ」。2002年の日韓ワールドカップの大会公式試合球。色鮮やかな革新的デザインで、「タンゴ」からの流れがここで変わったと言える。

2004年、2005年に採用された「ロテイロ」から、新たなフェーズに入っていく。これまでの手縫いのサッカー

ボールではなく、パネル同士を接着剤と熱で圧着する、サーマルボンディング（熱接合）という製法が用いられた。つまり、サッカーボールから縫い目が消えたのである。縫い目がなくなったことで耐水性や耐摩耗性がアップ。使用している素材が違うとはいえ、かつての白黒ボールの時代は、雨が降ってボールが水を含むと途轍もなく重くなり、ボールが飛ばなかったものである。

2010年、Ｊリーグ公式球に採用された「ジャブラニ」は2010年、南アフリカワールドカップの公式球。蹴ったボールの軌道が不規則になることも多く、ブレ球を得意とする選手には持ち味を

発揮する機会が増えたが、キーパー泣かせでもあった。

そして2021年、Ｊリーグ公式球に採用されたのは「コネクト21」。サッカーを通じて、世界中の団結やつながりを実現するという願いが込められている。ピッチ上で披露される戦術やプレーが日々進化しているのと同じように、サッカーボールも進化している。

これからも、さらに進化し革新的なデザインのサッカーボールが登場するだろう。その時、子供たちはどんなサッカーボールを描くだろうか？

さいたまダービー
【さいたまだーびー】

埼玉県さいたま市をホームタウンとする浦和レッズと大宮アルディージャの対戦。Jリーグでの初対戦は2000年のJ2。小野伸二のゴールで浦和が勝利した。これまでのリーグ戦での戦績は浦和12勝、大宮9勝、引き分け7回である。

サイドアタック
【さいどあたっく】

選手が密集した中央よりも、人の数が少ないサイドを狙って崩していく攻撃。足の速い選手のドリブル突破やサイドバックのオーバーラップを使った攻撃、複数人でのコンビネーションなど方法は様々。チームの狙いや1週間の練習が垣間見える。

サイドチェンジ
【さいどちぇんじ】

ボールのあるサイドから、逆側のサイドへパスを送ること。相手の守備組織が手薄なサイドにボールを送ることで、チャンスの可能性が高まる。

サイドネット
【さいどねっと】

ゴールネットの側面の部分。サイドネットが揺れた時、内か外かで大違い。ゴール前の攻防は見づらい時も多く、サイドネットが揺れただけで、心拍数が上がる。

最優秀選手賞
【さいゆうしゅうせんしゅしょう】

シーズン終了後のJリーグアウォーズで発表される最優秀選手賞、いわゆるMVP。1993年、ド派手な赤のスーツで登場したカズこと三浦知良の姿がまだ記憶に新しい。まさにシーズンの顔ともいえる選手が選ばれる。これまでに、この賞を2回受賞したのは2000年と2013年に受賞した中村俊輔だけである。

作戦ボード
【さくせんぼーど】

きっと監督という職業の人は日頃から作戦ボードと睨めっこしているのだろう。ベンチが映った時の、作戦ボード上のマグネットを動かす監督の手の動きの速いこと。もう少し、作戦ボードをアップにして映してほしい。気になってしょうがない。

桜スタジアム
【さくらすたじあむ】

セレッソ大阪のホームスタジアム、かつてのキンチョウスタジアムが桜スタジアムとして生まれ変わる。球技専用スタジアム（サッカー、ラグビー、アメリカンフットボールなど）で、収容人数は約2万5000人。2021年3月完成予定。以前メインスタンドだったところがバックスタンドに、バックスタンドだったところがメインスタンドになるようだ。

叫ばずには
いられない
【さけばずにはいられない】

大宮アルディージャの試合前に歌われる心のこもったチャント。ロックバンド、マスラヲコミッショナーの歌が原曲。「♪叫ばずにはいられない　大宮への愛を歌う　オレンジと紺の勇者　俺たちの街の誇り　だからどんな時もここに集い　大宮への愛を歌う　この歌よ君に届け　共に闘うために♪」── 歌詞もメロディーもストレートに心に響く。

サッカーIQ
【さっかーあいきゅー】

刻々と変化するピッチの中で、的確に状況を捉え最適な判断を下すことができる能力のこと。この能力が優れていることをサッカーIQが高いなどという。「あの選手サッカーIQ高いよね」と言うと、サッカー知っているぞ感が出ているような気になる便利な言葉。そもそもサッカーIQに測定方法、基準はない。サッカーファジー用語のひとつ。

さっかりん
【さっかりん】

Jリーグとサッカー日本代表の総合情報サイト。情報が早く、多く、細かい。シーズンオフの移籍情報は重宝する。

ホンダ!!
ナガトモ!!

ザッケローニ
【ざっけろーに】

アルベルト・ザッケローニ。セリエAでミラン、インテル、ユベントスなどの監督を務め、2010年南アフリカW杯後から2014年ブラジルW杯まで日本代表を率いたイタリア人監督。愛称ザックいやザックさん。日本のことを第二の故郷と愛してくれた。「さん」付けで呼ばれるほど親しまれ、愛された外国人監督は多くはない。

佐藤寿人
【さとうひさと】

J1通算161ゴールは歴代2位。J2を含むJリーグ通算220ゴールは歴代1位。数多くのゴールは多くの喜びを生み出し、見事な動きだしは同じチームの中盤の選手のパス技術の向

上をもたらした。サンフレッチェ広島の3回の優勝の立役者であり、2012年は得点王そしてMVPに輝いた。2020年、アカデミーで育ち、プロデビューも果たしたジェフでのプレーを最後に現役引退を決断した。

サトミキ
【さとみき】

ホリプロ所属の女性タレント、佐藤美希さんの愛称。足立梨花さんの後任として、2015年2代目Jリーグ女子マネージャーに就任。3シーズンに渡り、各地のスタジアムを訪れるなど精力的に活動。2018年からJリーグ名誉マネージャーに就任した。

侍
【さむらい】

柏レイソルのホーム、三協フロンテア柏スタジアムで食べることができる最強の唐揚げ。味はもちろん一個の大きさ、コストパフォーマンスそして熱さが半端ない。いくら上顎やけどしようが、何度でも食べたくなる唐揚げ。絶品です

澤 穂希
【さわほまれ】

日本の女子サッカーを牽引し、世界一にまで導いた日本サッカー界のまさにレジェンド。2011年FIFA女子ワールドカップドイツ大会ではキャプテンとしてチームを優勝に導き、得点王とMVPを獲得。2011年度

FIFA最優秀選手賞にも輝いた。W杯決勝アメリカ戦の延長後半の同点ゴールは日本サッカー史上最も貴重なゴールと言っても過言ではない。

さわやか
【さわやか】

静岡へサッカー観戦に行ったときに楽しみにしている人が多い『炭焼きレストランさわやか』。静岡県内30店舗以上を構える同店といえばハンバーグ。牛肉100%のげんこつハンバーグは大人気メニューで満足度も100%。

サンガスタジアム
by KYOCERA
【さんがすたじあむばいきょーせら】

京都サンガF.C.の新スタジアム。収容人数は約21,600人。JR嵯峨野山陰線「亀岡駅」から徒歩約3分。駅の目の前にあるスタジアム。客席全てを最前列から2m張り出した大屋根で覆った構造。つまり雨でも安心

ということ。ピッチとスタンドの距離が近く、サッカーの醍醐味が味わえる最新鋭のスタジアム。

三冠
【さんかん】

1シーズンで、J1リーグ、ルヴァンカップ（旧ヤマザキナビスコカップ）、天皇杯に優勝すること。2000年に鹿島アントラーズ、2014年にガンバ大阪が三冠を達成している。

三重罰
【さんじゅうばつ】

PK、レッドカードで退場、次節出場停止の3つの罰が適用されること。ルール改正により、適用は緩和された。三重罰はtriple punishment を直訳したものだが、語感が重々しすぎる。オウンゴールを自殺点と言わなくなったように、三重罰も別の言い方になればいいと思う。トリプルとかスリーアウトくらいでいいんじゃないかなぁ〜。

©1992 S.FC

サンチェ
【さんちぇ】

サンフレッチェ広島のマスコット。中国山地に生息するツキノワグマがモチーフ。2015年マスコット総選挙中にプチ整形も敢行。その努力の甲斐もあって、見事1位を獲得。2017年にも再び1位に返り咲いている。

3人目の動き
【さんにんめのうごき】

攻撃時、二人で連携してボールを動かしているところに、もう一人の選手が関わってくること。攻撃の中で4人目、5人目が関わってくることもあるが、4人目の動き、5人目の動きとは言わない。

三百六十五歩のマーチ
【さんびゃくろくじゅうごほのまーち】

2016年、ロアッソ熊本は熊本地震の影響でスタジアムが使用できず、代替地の日立柏サッカー場で地震後最初のホームゲームを行った。試合前、熊本出身の水前寺清子さんがロアッソ熊本のユニフォーム姿で登場。重くなりそうな空気の中、日立台のピッチを歩きながら、明るくそして力強く「三百六十五歩のマーチ」を披露。その姿はあまりにも感動的だった。

残留争い
【ざんりゅうあらそい】

降格を回避するため、石に、いや芝にかじりついてでも勝ち点を奪うために戦う人生を懸けたドラマ。複数チームが関わると、視線は目の前のピッチでも意識は他会場という不思議な状態に陥る。本当の負けられない戦いが、ここにある。

三連覇
【さんれんば】

3年連続で優勝すること。J1で二連覇を達成したのはヴェルディ川崎（'93、'94）、鹿島（'00、'01）、横浜FM（'03、'04）、広島（'12、'13）、川崎（'17、'18）。しかし、三連覇を成し遂げたのは2007年から2009年の鹿島アントラーズだけ。3年間強さを維持することの難しさや偉大さがわかる。

し

GM
【じーえむ】

ゼネラルマネージャーのこと。強化

部長、スポーツダイレクターなどクラブによって呼び方はさまざま。監督選びから、選手のスカウト、監督や選手との契約の締結や評価などチーム運営において、非常に重要な役割を担っている。

ジーコ
【じーこ】

本名、アルトゥール・アントゥネス・コインブラ。白いペレ、「神様」と呼ばれる世界的スーパースター。鹿島アントラーズを常勝クラブに作り上げ、日本代表監督も務めた日本のサッカーそしてJリーグの大功労者。Jリーグ開幕節で決めたハットトリックは衝撃的だった。

ひとりでできた!!

GGR
【じーじーあーる】

テレビ埼玉で放送されている浦和レッズ応援番組。1993年4月に「GO!レッズ」として放送開始。2002年7月から「REDS TV GGR」にタイトル変更。Jリーグ開幕年から現在も続くクラブ応援番組の老舗的存在。

シーズンチケット
【しーずんちけっと】

1シーズンに開催されるホームゲームを観戦できるチケット。年間チケット（略して年チケ、ネンチケ）など呼び方はさまざま。毎試合購入するよりお得だし、特典もある。自分の座席が確保されている安心感から、スタジアムに行く時に持参することを忘れがち。

G線上のクリア
【じーせんじょうのくりあ】

チームのピンチを救うゴールライン上でのクリアがやたらと多かったことから、丹羽竜平のスーパークリア全般に付けられた名称。

Jエリートリーグ
【じぇいえりーとりーぐ】

若手育成を目的としたプロジェクト。参加チームを地域ごとにグループ分けし、各グループホーム＆アウェイで戦うリーグ戦。21歳以下の選手を3人以上必ずエントリーし、アカデミーの選手や練習生もエントリー可能。2020年から実施予定だったが、新型コロナウイルスの影響で2020年は中止に。

J1
【じぇいわん】

日本のプロサッカー最高峰のリーグ。優勝賞金も高額で注目度も高く、日本のトッププレイヤーのみならず実績のある外国人プレイヤーも同じピッチの上でしのぎを削る。

J2
【じぇいつー】

2部相当のリーグとしてだけではなく、ある意味独特の空気感を持つリーグ。旺盛な野心を持ち、さらに上を目指す若者。これまでの経験を披露するベテラン。温かさ、地元感、愛情、嫉妬。あらゆるものが渦巻くカオスなリーグ。その空気感に一度ハマると、虜になる。

J3
【じぇいすりー】

予算や練習環境など厳しい状況のクラブもあるが、大きな夢の入り口でもある。大分トリニータはこのステージを経験し再びJ1まで上り詰め、ヴィッセル神戸で活躍する藤本憲明はこの舞台で実績を重ねステップアップした。

J SPORTS
【じぇいすぽーつ】

日本最大のスポーツ専門チャンネル。リーガ・エスパニョーラ、プレミアリーグ、セリエAといった三大リーグのみならず、アルゼンチンリーグやブラジル全国選手権、コパ・リベルタドーレスなど南米のコンペティションも扱うなど、海外サッカー全般に力を入れて放送していた印象が強い。

Jユニ女子会
【じぇいゆにじょしかい】

2015年5月、浦和レッズサポーターと大宮アルディージャサポーターのJリーグを愛する女性たちによって

発足されたJユニ女子会。カテゴリー問わず、好きなチームのユニフォームを着用してJリーグ全体を盛り上げていくことを目的としている。活動としては試合観戦はもちろん、オフ会の開催、SNSなどオンラインを通じて交流を図っている。ちなみに、「Jサポ女子会」なるものも存在するが、こちらは女性サポーターが各々集まって交流している模様である。

Jリーグ A GOGO!!
【じぇいりーぐ・あ・ごーごー】

Jリーグ開幕直前の1993年4月にテレビ朝日で始まったサッカー番組。司会はうじきつよしさんと鈴木杏樹さん。ご意見番としてセルジオ越後氏とジャンルカ・トト・富樫氏（富樫洋一・故人）が脇を固めた。

Jリーグアウォーズ
【じぇいりーぐあうぉーず】

シーズン終了後に開催されるJリーグの年間表彰式。最優秀選手賞、ベストイレブン、得点王、ベストヤングプレーヤー賞など、1年間の活躍をたたえ表彰。いつもとは違いフォーマルな装いの選手達がまぶしく見える。

Jリーグカレー
【じぇいりーぐかれー】

1993年、Jリーグ開幕の頃、永谷園から発売されたのがレトルトカレ

ーの「Jリーグカレー」。サッカー少年のまさおくんがJリーグカレーを食べると、体が大きくなり、髭が生え始め、最後にはラモス瑠偉になってしまうというCMが印象的だった。

Jリーグキング
【じぇいりーぐきんぐ】

Jリーグの公式マスコットキャラクター。1993年5月15日、Jリーグ開幕戦セレモニーで巨大な風船の姿で登場。そんな歴史あるキャラクターなのに、Jリーグマスコット総選挙の順位は芳しくない。しかし、そんなキャラも定着しつつある。

Jリーグタイム
【じぇいりーぐたいむ】

NHK BS1で放送されている、Jリーグの結果を伝えるダイジェスト番組。ほぼ試合開催日にあり、その日の熱が冷めないうちに放送があるので重宝する。応援しているクラブが勝った日は見る、負けた日は見ないと視聴条件がはっきりしている人もいるようだ。

オホン

Jリーグ鳥の会
【じぇいりーぐとりのかい】

鳥をモチーフとするJリーグのマスコットが集まって結成されたのがJリーグ鳥の会。ギラヴァンツ北九州のマスコット、ギランが会鳥（会長でいいと思うんだけど）。他のマスコットもそれぞれに役職が付いている。ゆる〜い感じの会だが、活動内容はいたって真面目で、環境保護活動などに積極的に取り組んでいる。

Jリーグを100倍楽しく見る方法!!
【じぇいりーぐをひゃくばいたのしくみるほうほう】

1994年に上映されたJリーグ公認のオムニバス形式の映画。ラモス瑠偉、中山雅史などJリーグのスター選手たちがアニメキャラクターとして登場する。キャラクターデザインはいしいひさいち氏。最新版を見てみたい気もする。

時期尚早
【じきしょうそう】

「時期尚早と言う人間は100年たっても時期尚早と言う。前例がないと言う人間は200年たっても前例がないと言う」。プロ化に向けての会議の中で、批判や反対意見が噴出した時に川淵三郎Jリーグ初代チェアマンが発した名言中の名言。痺れます。

四国ダービー
【しこくだーびー】

徳島ヴォルティスと愛媛FCの対決は2001年のJFL時代から始まる。当時、徳島はまだ大塚製薬サッカー部だった。2006年からJリーグでの対戦が始まり、2020年までのJ2での対戦成績は徳島18勝、愛媛10勝、引き分け6回。2008年から勝利したクラブに「四国ダービー・ウィナーズ・フラッグ」が渡され、次の対戦まで勝利したクラブが保有する。

シザース
【しざーす】

ボールをまたぐフェイントのこと。相手の重心をずらすことが目的なので、ボールではなく相手を見なければならない。シザースの使い手はたくさんいるが、田嶋幸三日本サッカー協会会長もシザースの名手だったそうだ。

静岡ダービー
【しずおかだーびー】

静岡ダービーの中でも、1999年のチャンピオンシップは極上のダービーとなった。第1戦、ホームジュビロ磐田は2対1（延長）で勝利。第2戦は清水のホーム日本平。ジュビロが先制し、清水のアレックスが退場。万事休すと誰もが思った時に澤登正朗が直接FKを決めたシーンはあまりにも感動的だった。その後延長で清水が1点奪いPK戦へ。PK戦を制したジュビロ磐田が年間チャンピオンに。極上のダービーは歴史に残る名勝負となった。

シックスポイントゲーム
【しっくすぽいんとげーむ】

シーズン終盤の優勝や昇格、残留や降格をかけたチーム同士の直接対決のこと。勝利したチームが勝ち点3を得るだけでなく、相手チームが勝ち点3を得るチャンスを奪うことになる。勝ち点6の価値がある試合。シックス・ポインターとも言う。

芝生席
【しばふせき】

試合に飽きて走り回る子供。寝そべって試合観戦するおじさん。井戸端会議に夢中の女子。サッカー自体は見づらいし、2日前の雨が染みてジーパンが微妙に湿るし、傾斜があるので飲み物は置きにくいが、誰にも縛られず自由なスタイルでサッカーのある週末を楽しめる。

絞る
【しぼる】

サイドにいる選手が、中央寄りにポジションをとって、スペースを埋めたり、味方のカバーをすること。基本的に守備の動きで、サイドバックの選手にとって非常に重要な動きになる。

下田恒幸
【しもだつねゆき】

フリーアナウンサー。サッカーファンから、今もっとも信頼を集める実況アナウンサーの一人。サッカーの競技的なおもしろさはもちろん、サポーターが歌うチャントやクラブの歴史などサッカーの文化的側面のおもしろさも伝える事ができる稀有なアナウンサー。モータースポーツや音楽にも精通している。

シャーレ
【しゃーれ】

J1の優勝チームに王者の証しとして贈られる直径約55cm、重さ約6kgのJリーグ杯（優勝銀皿）のこと。シャーレとはドイツ語で皿の意。最終節まで接戦が続くことが多いので、シーズン終盤になると優勝が決まりそうな会場を目指して、シャーレが日本全国を行ったり来たりする。

ジャイアントキリング
【じゃいあんときりんぐ】

モーニングにて2007年より連載がスタートしたツジトモ作のサッカー漫画。主人公が監督という珍しいストーリーで、それぞれのキャラクターの個性が強く、読み応え十分。ETUのマスコット"バッカくん"は着ぐるみが実際に製作されており、Jリーグの会場で見掛けることもある。

ジャスティス
【じゃすてぃす】

J1、336試合、国際試合116試合の笛を吹いた元国際主審の岡田正義氏は「正義」という名前がゆえに、一部サッカーファンからは「ジャスティス」と呼ばれていた。1998年仏W杯でも主審を務め、2002年には上川徹氏とともにプロフェッショナルレフェリー第1号に。2010年12月に1級審判員を引退。ちなみに、現在岡田正義氏が代表を務める個人事務所の名前は「ジャスティス企画」。

シャドー
【しゃどー】

シャドーストライカー。1.5列目あたりにポジションを取り、センターフォワードのようなザ・フォワード的な仕事というより、影から突然姿を表し、ストライカー的な役割を果たす。前向きにボールを受けられることも多いので、シュートやラストパスなど決定的なチャンスシーンに絡むことが求められる。

蹴球メガネーズ
【しゅうきゅうめがねーず】

サッカーが大好きなメガネおじさん3人がサッカーについて話しまくるYouTubeチャンネル。しかし、ただのメガネおじさんではない。水沼貴史（元日本代表）、北條聡（元サッカーマガジン編集長）、川端暁彦（元エル・ゴラッソ編集長）という豪華な顔ぶれ。おしゃべり好きの3人なので、時折おばさんに見えてくる。

蹴球夢
【しゅうきゅうゆめ】

FC岐阜公式VTuber 。まじめな告知やインタビューだけでなく、ゆる〜く歌や踊りやものまねも披露。色々な形でFC岐阜の魅力を伝える。夜中に見ると、だんだんハマっていく。

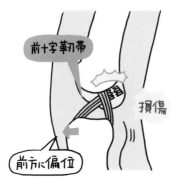

十字靭帯断裂
【じゅうじじんたいだんれつ】

十字靭帯とは膝にある膝関節を形成する大腿骨と脛骨をつなぐ靭帯で、十字と名のつく靭帯は前十字靭帯と後十字靭帯があり、前十字は脛骨が前に出ないように動きを抑制する働きを、後十字は脛骨が後ろにずれないようにする働きを持っている。これらに強い負荷がかかって切れてしまったり伸びてしまったりした状態が損傷で、完全に切れてしまった状態が断裂である。損傷してすぐに激しい痛みを感じ、時にはポップ音と呼ばれる断裂音を感じることも。

シュータリング
【しゅーたりんぐ】

ボールを蹴った場所。タイミング。フォーム。そのすべてがセンタリングのはずなのに、ボールはどんどんゴール方向に向かい、結果的にはシュートになってしまうシュータリング。狙ったという者もいれば、ミスですと自白する者もいるし、笑ってごまかす者もいる。

集中!
【しゅうちゅう!】

監督やゴールキーパー、ディフェンスの選手が大きな声で発する頻度が高い言葉。時折、外国人ゴールキーパーが日本語で「シュウチュウ!」と言ったりもしている。「集中しろ!」とコーチに怒られ、落ち込む少年少女の諸君! 大丈夫だよ。大人の世界でもあることだから。

シュート!
【しゅーと!】

大島司原作の漫画。カリスマ的な背番号10番・久保嘉晴に憧れ、創設2年目の掛川高校に入学した田仲俊彦（トシ）がサッカー部に入部してさまざまな経験を重ねる青春物語。久保がトシに放った「トシ、サッカー好きか?」は名言。1990年から2003年に渡って連載され、1994年には第18回講談社漫画賞少年部門を受賞した。1993年から1994年に『蒼き伝説 シュート!』としてアニメ化、1994年にSMAP出演で映画化された。

シュートレンジ
【しゅーとれんじ】

ゴールになる、もしくはゴールになる可能性が高いシュートを狙える範囲のこと。シュートレンジの広さは選手によって違う。選手本人が考える自分のシュートレンジと見る側が考えるその選手のシュートレンジにズレがある場合も。

塾は行け
【じゅくはいけ】

2017年、不振に喘ぐザスパクサツ群馬に対しゴール裏のサポーターは怒りの声を上げた。怒声、罵声が飛び交う中、とある高校生が「俺は（ゴール裏から）帰んねーぞ! 塾サボってやる!」と叫んだ。周囲の大人の共感を得られると思いきや、先程まで怒り狂っていた大人が「塾は行け」、「人生がかかっているんだから」と諭し始めるというゴール裏名言。後日談として、その高校生は大人の言うことを聞いて、塾に通い続け、希望の大学に合格した。

守護神
【しゅごしん】

ゴールキーパー＝守護神となりがちだが、失点の少ない、ピンチの場面で立ちはだかるようなゴールキーパーこそ守護神と呼びたい。「前節3失点の守護神」とか言われても、ありがたみがない。

シュシュ
【しゅしゅ】

どのクラブのグッズの中にも必ずひとつは存在するアイテム。あのクラブのシュシュはかわいいとかあるのだろうか?

主審
【しゅしん】

2020年シーズン終了時点で、J1主審担当試合トップは吉田寿光氏（引退）で338試合。2位は岡田正義氏（引退）で336試合。3位は西村雄一氏で328試合。2020年に家本政明氏と松尾一氏がJ1通算主審担当300試合を超えた。

首都圏バトル
【しゅとけんばとる】

南関東のJ2クラブによる合同企画。参加クラブやサブタイトルはシーズンによって変わる。2020年は「首都圏バトル4-4th-の覚醒-」を予定していたが、新型コロナウイルス感染拡大の影響に伴い、イベント内容は改変された。この企画がスタートした2015年は、ひらはたさんがアンバサダーを務めた。誘っていただければ、またアンバサダーやりますよ！

ジュニーニョ
【じゅにーにょ】

本名、カルロス・アルベルト・カルヴァリョ・ドス・アンジョス・ジュニオール。2003年から2011年まで川崎、2012年から2013年まで鹿島でプレーしたブラジル人FW。J1、264試合出場116得点。J2、78試合出場65得点。一人でカウンターを完結させるほど、スピードに乗ってゴールへ向かう。J1、J2で得点王に輝いた「川崎の太陽」である。

シミュレーション
【しみゅれーしょん】

反則を受けたかのような演技をして、審判を欺くこと。イエローカードの対象。大根芝居、三文芝居の類いのシミュレーションはイエローカードとともにスタジアムからの嘲笑を浴びる。

昇格請負人
【しょうかくうけおいにん】

大分トリニータ、モンテディオ山形、徳島ヴォルティス、清水エスパルスをJ1昇格に導き、ギラヴァンツ北九州をJ3からJ2に昇格させた小林伸二監督こそ人呼んで昇格請負人。フォワードの育成にも定評があり、小林伸二監督のもとで花開いたフォワードも少なくない。2020年に還暦を迎えたが、そのパワーは衰え知らず。テクニカルエリアで舞うようにエネルギッシュに選手に指示を送り続けている。

湘南スタイル
【しょうなんすたいる】

2012年に湘南ベルマーレの監督に就任した曺貴裁監督が、これまでの湘南のサッカーを土台に築き上げたスタイル。全員でハードワークしながらアグレッシブな守備を見せ、攻撃に移るとリスクを負って、味方を追い越し、スピーディーで厚みのある攻撃を仕掛ける、攻守に躍動感のあるサッカーのスタイル。2018年、湘南スタイルは実を結び、ルヴァンカップ優勝を掴み取った。

湘南造園
【しょうなんぞうえん】

湘南ベルマーレのホームShonan BMWスタジアム平塚（2021年2月からレモンガススタジアム平塚）のピッチを美しく保ち続けている会社。匠の技がちりばめられた甲子園の阪神園芸と同じく、ファンや関係者から一目置かれる存在。芝だけに「48」の背番号のユニフォームを着用している。

ショートコーナー
【しょーとこーなー】

ゴール前に直接ボールを入れるのではなく、近くの味方にパスを出すコーナーキックのこと。守備側は意表を突かれ、マークを外すことも。

ジョホールバルの歓喜
【じょほーるばるのかんき】

日本代表が初のワールドカップ出場となる、1998FIFAワールドカップ出場を決めたアジア地区第3代表決定戦、対イラン代表戦のこと。2対2で延長戦に入る時、山本浩アナから発せられた言葉を忘れることはできない。「このピッチの上、円陣を組んで、今散った日本代表は、私たちにとっては彼らではありません。これは、私たちそのものです」。

ジョルジーニョ
【じょるじーにょ】

ジョルジ・デ・アモリン・カンポス。1994年、アメリカW杯で優勝したブラジル代表の右サイドバック。1996年の鹿島アントラーズのJリーグ初優勝に大きく貢献し、MVPにも選ばれた。ボランチでプレーすることが多く、精度の高い右足のキックとインテリジェンス溢れるプレーで中盤を支配。存在感を放った。

ピピ ピピピ

ショルダーチャージ
【しょるだーちゃーじ】

肩と肩でぶつかり合うこと。華麗な足技だけでなく、ボールを奪うため、奪われないようにするための激しい身体的な接触（フェアでお願いします）もサッカーの魅力。逃げてばかりではチャンスを掴むことはできない。

白波スタジアム
【しらなみすたじあむ】

鹿児島ユナイテッドFCのホームスタジアム。鹿児島県立鴨池陸上競技場は酒造メーカー、薩摩酒造が命名権を取得し、2018年から「白波スタジアム」に。かつては、横浜フリューゲルスや京都パープルサンガ（当時）もホームゲームを開催した。バックスタンドの背後に見える桜島が鹿児島感を醸し出している。

司令塔
【しれいとう】

味方への指示やメッセージの込められたパスで、ゲームをコントロールする中心的な選手のこと。最近は時間もスペースも限られているので、司令塔タイプの選手は少なくなった。

す

スイーパー
【すいーばー】

sweepは掃除する。sweeperは掃除する人。ディフェンスラインの最後尾に位置し、味方のディフェンダーのカバーリングやこぼれ球を拾う役割を担う。最近ではあまり聞かれなくなったポジション。その代わり、ゴールキーパーがスイーパー的役割を期待されるようになった。

スーパーサブ
【すーぱーさぶ】

試合途中でピッチに投入され、ゲームの流れやスタジアムの空気を変えてしまうような選手。交代の切り札。Jリーグ開幕当時、名古屋の森山泰行はスーパーサブとして活躍。途中出場からゴールを量産した。播戸竜二は途中出場からハットトリックを、1シーズンで二度達成。まさにスーパーサブである。

数的優位
【すうてきゆうい】

相手よりも人数が多い状況。局面で相手よりも人数を多くして、優位性を作り出す。数的優位を作り出すと、もう一方のチームは数的不利な状況になるが、数的な不利を打開すると大きなチャンスが生まれる。

スーパーサッカー
【すーぱーさっかー】

TBS系列で放送されている、加藤浩次さんMCのサッカー番組。番組名や出演者、放送時間は変わりながらも、Jリーグが開幕した1993年から放送を続ける老舗的サッカー番組。「バナナキングコンテスト」や「ボレーの虎」など名物コーナーを多く生み出した。

スカウティング
【すかうてぃんぐ】

対戦相手を分析すること。勝ち点3を得るためにはトレーニングと同じくらいスカウティングが重要になる。監督やコーチングスタッフは寝る間を惜しんで対戦相手の試合映像に目を凝らす。

スカパー！
【すかぱー！】

スカパーJSATが運営する日本最大の多チャンネルデジタル放送。これまでに、UEFAチャンピオンズリーグやセリエAなど海外サッカー中継を放送。2007年から10年間、Jリーグを全試合放送。日本における、テレビでのサッカー観戦文化構築において、重要な役割を担ったのは間違いなくスカパー！である。

杉浦大輔
【すぎうらだいすけ】

北海道コンサドーレ札幌のコーチ兼通訳。東洋大学卒業後ドイツへ渡り、語学学校に通いながら下部リーグでプレー。ケルン体育大学在学中の2006年、サンフレッチェ広島のフロントの通訳として、ミハイロ・ペトロヴィッチ氏との契約交渉の場に同席。これがきっかけとなり、現在もペトロヴィッチ監督の言葉を伝える役目を担っている。

好きですかわさき愛の街
【すきですかわさきあいのまち】

「♪多摩川の明ける空から　聞こえるやさしい鳥の歌♪」ーー選手入場前、川崎フロンターレのホーム等々力陸上競技場で大合唱されるのが『好きです　かわさき　愛の街』。1984年、市制60周年を記念して制作された市民の歌。川崎市環境局のごみ収集車の訪れを知らせる音楽と

して使用されているので、川崎市民の認知度が非常に高い歌である。

スキラッチ
【すきらっち】

サルバトーレ・スキラッチ。愛称トト。元イタリア代表FW。1990年、イタリアW杯得点王そしてゴールデンボール（最優秀選手）にも選ばれた。セリエAでは、メッシーナ、ユベントス、インテルでプレーし、1994年から1997年までジュビロ磐田に在籍。Jリーグ通算78試合出場56得点。とにかくゴールにどん欲でゴールへの嗅覚が研ぎ澄まされていた。

スコアレスドロー
【すこあれすどろー】

両チームともに得点なく0対0でゲームを終えること。スコアレスドローだと、痛み分けなどと言いがちだが、内容十分なスコアレスドローもたくさんある。

鈴木克馬
【すずきかつま】

清水エスパルスのスタジアムDJ。「し〜み〜ず、エスパールス！」の声がIAIスタジアム日本平に響き渡る。声量に余裕があり、芯のある声は聞いている者の体も心も震わせる。清水エスパルスにとって、欠かすことができない存在だ。

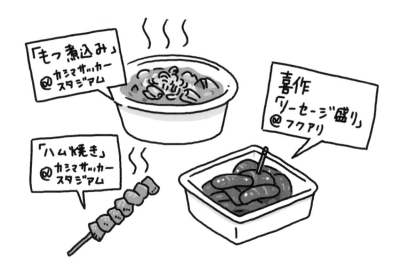

「もつ煮込み」@カシマサッカースタジアム

喜作「ソーセージ盛り」@フクアリ

「ハム焼き」@カシマサッカースタジアム

スタジアムグルメ
【すたじあむぐるめ】

略してスタグル。スタジアム観戦の大きな楽しみ。定番メニューからご当地グルメ、一日限定メニューなどさまざまなメニューが胃袋を満たしてくれる。スタグルを満喫するため、お腹ペコペコ状態でスタジアムに行きたい。Jリーグが誇れる文化のひとつ。

スタジアムDJ
【すたじあむでぃーじぇー】

スタジアムに入る前から、スタジアムDJの声は聞こえている。つまり、スタジアムDJの声はクラブの顔でもある。海外の名物スタジアムDJはフィギュアなどのグッズもある。湘南の三村ロンドさんやC大阪の西川大介さんなどお馴染みスタジアムDJのフィギュアや良い声なので声

入り目覚まし時計などのグッズが売り出されるようになったらおもしろい。

スタッツ
【すたっつ】

スタッツ(stats)とは英語のstatics(統計)の略で、チームや個人のパフォーマンスを数値化したもの。Jリーグでは、そのようなデータの総称を「J STATS」にすることを2020年7月に発表した。過去のデータから未来の結果を予想すると、サッカーがさらに楽しめる。

スタメン
【すためん】

スターティングメンバーの略。ピッチに最初に立つ11人のこと。スタメンを見ながら、あーだこーだと話すのも試合前の楽しみのひとつ。

スタンドプレー
【すたんどぷれい】

チームプレーというより、自分だけが目立つようなプレーをすること。サッカーに限らず、他のスポーツにも、会社や学校にも、そういう人はいますよねー。

ずっと4ー4ー2で並んでないでしょ?
【ずっとよん・よん・にでならんでないでしょ?】

20年以上柏レイソルを熱烈に応援し続ける爆風スランプのパッパラー河合さんのサッカーの本質を突く名言。サッカーは好きだし、柏レイソルは大好きだけど、システムなどには興味がないと言ったパッパラーさんの理由が「ずっと4-4-2で並んでないでしょ?」というもの。システム論や戦術論にとらわれすぎると、大事なサッカーのパッションを見落すことになる。かなり深い言葉だ。

ステーションパス
【すてーしょんぱす】

各選手が止まった状態で行うパス回しのこと。動きがないので相手は崩れず、あまり有効なパスにならない。

ストイコビッチ
【すといこびっち】

愛称ピクシー。ピッチに魔法をかけ

めずらしい8番時代

ポーン

ポーン

ることができる選手。立ち居振る舞いすべてが絵になった。市原戦での雨の中のリフティング。天皇杯決勝で見せたドリブルからのゴール。監督時代の革靴ボレー。記憶に残るプレーをたくさん披露したピクシーは納豆と鮎が大好物。日本をこよなく愛してくれた。

ストイチコフ
【すといちこふ】

フリスト・ストイチコフ。元ブルガリア代表。バルセロナでも活躍し、アメリカW杯では、ブルガリアの初のベスト4進出に貢献。国際Aマッチ83試合出場37得点。バロンドールも受賞した世界的スタープレーヤー。1998年から1999年、柏レイソルでプレーし27試合出場12ゴール。左足のキックの正確さ、強さは圧倒的だった。

ストッキング
【すとっきんぐ】

ストッキングの履き方は人それぞれで個性が出る。膝の下でストッキングの上部を折ってきっちりと履く選手。膝を覆うように膝の上まで伸ばして履く選手。少しずらし気味に履く選手。亡くなった奥大介さんはいつもストッキングを下げ気味に履いていたから、スタジアムですぐに発見できたんだよなぁ。

ストッパー
【すとっぱー】

現在でいうセンターバックのポジションにはいるが、仕事内容的には相手フォワードをマークして、仕事をさせないことに比重を置くディフェンダーのこと。スイーパーとセットで、役割分担することが多い。最近、あまり聞かなくなった。

ストライカー
【すとらいかー】

フォワードの中でも、得点を奪うという仕事に特化したタイプのフォワード。89分間消えていても、ワンチャンスを生かしてゴールを奪い、チームを勝利に導くような選手。大黒将志はガンバ大阪アカデミーストライカーコーチに就任。世界を知る大黒将志がストライカーの発掘養成に乗り出した。そういえば、『ストライカー』って雑誌がありましたねー。

SPA
【すぱ】

Stopping a Promising Attack の頭文字をとったもの。相手の大きなチャンスとなる攻撃を妨害または阻止するために反則を犯すことを指す。反スポーツ的行為に含まれるので、イエローカードが提示される。扶桑社発行の週刊誌は「SPA！」。「！」があるとないとでは、大きく意味合いが異なる。

スパイク
【すぱいく】

主にボールを足で扱うサッカー選手にとって、スパイクは体の一部。プロの選手になるとスパイクへのこだわりが強い選手も多い。最近はカラフルで、デザインも豊富。ロッカールームに並べられているスパイクはどれもカッコよくてずっと見ていられる。スパイク写真集＆選手のスパイクに対するこだわりを聞く本も作ってみたいな〜。

スピードスター
【すぴーどすたー】

快速を持ち味にする選手はときにスピードスターと呼ばれる。Jリーグのスピードスターの代表格は永井謙佑。ドイツ移籍専門サイト「transfer markt」が発表した世界の現役フットボーラースピードランキングにて、永井謙佑は7位にランクイン。

SPL∞ASH
【すぷらっしゅ】

アクターズスクール広島から誕生したアイドルユニット。サンフレッチェ広島応援ユニット、サンフレッチェレディースを2014年から務めている。試合前にパフォーマンスを披露するなど、サンフレッチェ広島を盛り上げている。

スプリント
【すぷりんと】

Jリーグにおけるスプリントの定義は時速24キロ以上を1秒以上継続した場合とある。50mを約7.5秒で走るペース。スプリント回数が注目されるが、永井謙佑や前田大然のような選手は、スピードはもちろん一度のスプリントの継続時間や移動距離をスタジアムで自分の目で確かめたい。

すべてはマリノスのために
【すべてはまりのすのために】

2019年シーズン、横浜F・マリノスはスピード感溢れる魅力的なサッカーを披露。監督、選手、サポーター含め横浜・Fマリノスに関わるすべての人がこの合言葉のもと、心を一つにし、15年ぶりのJ1優勝を果たした。

スペランカー
【すぺらんかー】

すぐケガしてしまう選手のこと。

ズザァァァァッ

スライディングタックル
【すらいでぃんぐたっくる】

スライディングして、相手のドリブルを止めたり、パスをカットしたり、シュートをブロックするプレーのこと。体を投げ出すことで体勢も崩れるので、守備の最終手段ともいえる。土のグラウンドでのスライディングタックルは擦り傷必至。風呂に入るのがつらい。

スリーバック
【すりーばっく】

基本的なディフェンスラインを3人で構成すること。いつも4バックのチームが、3バックを採用していて、試合開始早々に「あれ、今日スリーじゃない？」と誰よりも早く気づけた時はなんとなく嬉しい。

スルーパス
【するーぱす】

相手守備者2人の間（門とも呼ばれる）を通し、ディフェンスラインの裏側に出すパスのこと。スルーパスから決定的なチャンスを迎えることも多い。

スローイン
【すろーいん】

ボールがタッチラインを越えた時、最後にボールに触れた選手の相手側の選手のスローインでゲームが再開される。スローインをした選手が続けてボールを触ると間接FKになる。あまり見たことないけれど。

SWERVES
【すわーぶす】

スキマスイッチの常田真太郎さんがリーダーを務める芸能人、有名人が集まるサッカーチーム。前座試合に登場し、ホームチームのOBなどと試合をしてスタジアムを盛り上げる。帝京高校出身でお笑い芸人のディエゴ・加藤・マラドーナはサッカーと笑いの技術を融合し、観客を魅了する。

せ

ゼイワン
【ぜいわん】

V・ファーレン長崎の高田明前社長は長崎の方言の発音やイントネーシ

ョンにより「J1」が「ゼイワン」になってしまうというもの。高田明氏の人気と人柄もあって、「ゼイワン」という言葉は一気に広まった。

世界基準
【せかいきじゅん】

プレーを褒める時の最上級の言葉。ワールドクラスとも。あまり乱発すると価値が薄れる。

セカンドボール
【せかんどぼーる】

味方と敵が競り合った後のように、一つのプレーが終わった後のボールのこと。セカンドボールの回収率が高いチームが優位になることも多い。FC町田ゼルビアの佐野海舟は「かいしゅう」の名の通り、セカンドボールの回収率が極めて高い。

関野浩之
【せきのひろゆき】

スタジアムにほどよい緊張感と高揚感を生み出す、サッカー日本代表スタジアムアナウンサー。ルヴァンカップ決勝や天皇杯決勝といったサッカーのビッグマッチだけでなく、プロ野球ドラフト会議の会場MCを務めるなど日本のスポーツシーンにおいて欠かせない人物である。

セクシーフットボール
【せくしーふっとぼーる】

2005年度の第84回全国高校サッカー選手権大会で優勝した野洲高校が披露した、テクニカルかつ変幻自在なコンビネーションを展開するサッカーのことをサッカージャーナリストの安藤隆人さんは「セクシーフットボール」と評した。もともとはルート・フリットがニューカッスル・ユナイテッドの監督に就任した際、「美しいサッカーを約束する」という意味で「セクシーフットボール」というスローガンを掲げたことに始まる。

セットプレー
【せっとぷれー】

ファウルやボールがラインを割り、一旦ボールが止まった状態から行われるプレーのこと。フリーキック、コーナーキック、PK、スローイン。多くの得点がこのセットプレーから生まれる。抜け目のない監督、チームはセットプレーを大事にし、無駄にすることはない。

瀬戸大橋ダービー
【せとおおはしだーびー】

ファジアーノ岡山とカマタマーレ讃岐の対戦。瀬戸大橋で繋がる岡山県と香川県というだけでなく、民放の放送局を相互に乗り入れているという関係性もある。カマタマーレ讃岐がJ2に参入した2014年から始まり、これまでの対戦成績は岡山4勝、讃岐4勝、引き分けは2回である。

背中
【せなか】

ピッチから聞こえるコーチングの声や解説者の言葉から、最近よく聞かれるのが「相手の背中をとる」という言葉。「相手の裏をとる」という言葉や意味を、風間八宏氏が解釈し明快にしたもの。相手の背中をとっていくことで、ゴールまでの筋道が見えてくる。ボールの動かし方やポジショニングに対する、興味深い考え方である。

セリエAダイジェスト
【せりえあーだいじぇすと】

かつてフジテレビ系列で放送されていたイタリアセリエAのダイジェスト番組。これまでのお堅いダイジェスト番組とは一線を画し、遊び心満載。そして2020年、フジテレビNEXTで17年ぶりに「セリエAダイジェスト」が復活！ 解説に風間八宏氏、MCは西山喜久恵

アナウンサー。そして、ナレーションはあのマルカトーレ青嶋（青嶋達也アナウンサー）。懐かしい〜。

セルジオ越後
【せるじおえちご】

サッカー解説者。エラシコの開発者でもある。現役引退後は「さわやかサッカー教室」をスタートさせ、日本全国にサッカーを広めた。この教室でサッカーの楽しさに目覚めた少年少女は多く、日本サッカー普及に大きく貢献した。現在はJAFA 日本アンプティサッカー協会の最高顧問も務めている。

ゼルビアキッチン
【ぜるびあきっちん】

FC町田ゼルビアが運営する定食屋。管理栄養士監修の下、カロリーや栄養素にも配慮されたメニューが提供され、美味しくて体にも良い食事が楽しめる。選手や監督、チームスタッフもゼルビアキッチンを利用。選手に会えるチャンスもある。

セレ女
【せれじょ】

セレッソ大阪を熱烈に応援する女性ファン・サポーターのこと。セレッソ大阪公式サポーター見習い（どんな肩書きだよ！）だったアイドルグループ「たこやき

レインボー」は2018年にクラブ公認セレ女に昇格した。

0円移籍
【ぜろえんいせき】

移籍金（違約金）が発生しない、つまり0円で移籍すること。もともと所属していたクラブと選手との間に契約期間が残っている場合は移籍金が発生するが、契約満了している場合は移籍金は発生しない。

仙石幸一
【せんごくこういち】

ガンバ大阪のスタジアムDJ。スタジアムの興奮を生み出す声を持っているだけでなく、関西弁を交えてソフトで温かい空気を作り出す声も兼ね備える。表情豊かな声の持ち主。Bリーグの滋賀レイクスターズのアリーナMCも務める。

選手紹介
【せんしゅしょうかい】

試合前に行われる選手紹介でスタジアムのボルテージが一気に上がる。ルヴァンカップの決勝は、両クラブのスタジアムDJがそれぞれのチームの選手を紹介。スタジアムDJにとっての晴れ舞台である。

選手バス
【せんしゅばす】

選手や監督が移動する際に使用するバス。ひと目でどこのクラブか判別がつくようなカラーリングのバスはサッカー好きのテンションを上げる。スタジアムに選手バスが入ってきただけで特別な空気感が生まれるし、高速道路などで出会えた時は、なんだか得をした気分になる。

選手名鑑
【せんしゅめいかん】

各クラブの情報、監督、選手の写真、データ、アンケートへの回答などが

詰まったサッカーファン垂涎の一冊。エル・ゴラッソの選手名鑑にはアクティベーション　シリアルコードがついていて、スマホやタブレットでも楽しめる。

専スタ
【せんすた】

サッカー（球技）専用スタジアムのこと。陸上トラックがないサッカー専用スタジアムは、スタンドとピッチの距離が近く、サッカーの迫力やスピード感がピッチからダイレクトに伝わってくる。

センターサークル
【せんたーさーくる】

ピッチ中央にある、センターマークを中心点として描かれた半径9.15mのサークル。

センターバック
【せんたーばっく】

相手のフォワードに仕事をさせず、

失点を防ぐことが仕事なので、守備力が必要なのはもちろんのこと、後方からの組み立ての中でビルドアップの能力も要求される。味方のセットプレーでは前線に上がり、ゴールを奪うようなセンターバックなら、さらに頼りになる。日本を代表するセンターバックの吉田麻也、冨安健洋はセリエＡで活躍中だ。

せんべい汁
【せんべいじる】

ヴァンラーレ八戸のホーム、プライフーズスタジアムで食べられる八戸の郷土料理。肉や魚、野菜などが入った鍋の中に、鍋用のせんべいを入れて味わう。身も心も温まる。

ゾーンディフェンス
【ぞーんでぃふぇんす】

スペースを埋めながらディフェンスする守備戦術のこと。人に対して守備をするマンツーマンディフェンスに対し、ゾーンディフェンスはボールを中心にスペースを埋め、守備を固める。マンツーマンディフェンスが相手を意識するのに対し、ゾーンディフェンスは味方の位置、味方との距離感、味方同士の連携を意識する。

曽ケ端準
【そがはたひとし】

鹿島のユースで育ち、1998年にトップチームに昇格してから鹿島一筋23年。鹿島のタイトル獲得の歴史は曽ケ端準とともにあった。J1優勝7回、リーグカップ優勝5回、天皇杯優勝4回。まさにバンディエラが2020年いっぱいで引退する。「僕は鹿嶋で生まれ育ち、このまちに鹿島アントラーズが誕生し、始まりは1人のサポーターでした」。クラブ公式サイトでの惜別のメッセージの一部。2007年から2015年にかけて達成された244試合連続フルタイム出場はJリーグ記録である。

速攻
【そっこう】

相手の守備陣形が整う前に素早く攻めること。できるだけ手数をかけず、ダイレクトに相手ゴールに向かう。爽快感抜群の攻撃。

Road to WorldCup

日本サッカーを彩ってきた

代表ユニフォームの変遷

from 1993〜

サッカー日本代表が世界と戦うために纏うユニフォーム。
青を基調としたユニフォームが時代によってどう変容したかを紹介する。

幾何学模様の斬新なデザイン

©JFA/PR

1993 | PUMA

1992年のアジアカップに向けて新調。しかし公式戦で着用したのは1993年のワールドカップ最終予選対イラン戦だった。

日本中が涙したあの "悲劇"

©JFA/PR

1994 | asics

日本サッカー史を語る上で外せないのが "ドーハの悲劇"。この経験から、ドーハモデルと呼ばれるように。

再び立ち上がるために

©JFA

1995 | adidas

1992年より引き継がれたデザインは、日本サッカーの上昇をイメージしたもの。当時、11番をつけていたのは三浦知良だった。

悲しみの涙から歓喜の笑顔へ

©JFA

1996 | asics

キリンカップから新調されたユニフォームは、襟の赤いラインと両腕の炎のデザインが特徴。ジョホールバルの歓喜を経験した。

夢にまでみたW杯の初舞台

オリャッ

1998 | asics

フランスワールドカップ本大会で着用されたもの。記念すべき初ゴールは中山雅史が右足で決めた。

©JFA/PR

次世代を担う若手選手が躍動

©adidas

1999-2000 | adidas

日本代表のほかに、シドニー五輪を目指すU-23代表、1999年にワールドユース準優勝を果たしたU-20代表も着用。

W杯前哨戦で準優勝の快挙

©adidas

2001 | adidas

FIFAコンフェデレーションズカップ2001で準優勝を果たした際に着用していたユニフォーム。

W杯が日本にやってきた！

©adidas

2002 | adidas

自国開催となった日韓ワールドカップで着用したモデル。首から袖口にかけての赤いラインには逆さ富士のイメージが施された。

死闘のアジアカップを制す

©adidas

2004 | adidas

3度目のアジアカップ優勝を果たしたモデル。縦に入った明るい青と濃紺のグラデーションが特徴的。

代表ユニフォームの変遷 from 1993〜

"黄金のカルテット"に
期待がかかるも失意の結果に

©adidas

2 0 0 6 │ a d i d a s

日本代表のキャッチフレーズ「SAMURAI
BULE」にちなんで、日本の伝統と技術の
象徴である日本刀がモチーフに使われた。
2006年ドイツワールドカップで着用。

ゴールドの線で
日本の飛躍を表現

©adidas

2 0 0 8 │ a d i d a s

北京五輪に出場したU-23代表が着用した
モデル。襟元と袖口に日本代表のユニフォ
ームで史上初めて黄色が入った。デザイン
のテーマは「日本魂」。

なでしこジャパンが
W杯優勝の快挙!

©adidas

2 0 1 0 │ a d i d a s

デザインのテーマは「革命に導く羽」。この
ユニフォームで日本代表がアジアカップ優
勝、なでしこジャパンがワールドカップ優
勝を果たした。

真ん中の一本線は
"結束"の証し

©adidas

2 0 1 2 │ a d i d a s

日本の思いをひとつにする「結束」をコン
セプトに、真ん中に一本線をデザイン。日
本代表は赤、なでしこはピンク、フットサ
ルは黄色が施された。

選手とサポーターが
ひとつの輪に

©adidas

2014 | adidas

選手とサポーターが一丸となって戦うことから「円陣」がコンセプトとなったモデル。左胸から引かれた11本のラインは円陣を解いてピッチへ広がる選手を表現。

12番目の選手である
サポーターとともに戦う

©adidas

2016 | adidas

青の調和をコンセプトに、11本のさまざまな青色を使ったボーダーが特徴。赤のラインは12番目の選手であるサポーターを表現している。

ロシアの地で日本の力を
見せつけた"勝色"

©adidas

2018 | adidas

ジャパンブルーの原点に戻って"勝色"を意味する深く濃い藍と、これまでの歴史を紡ぎ、ロシアワールドカップへ挑むメッセージを込めた刺し子柄が起用された。

浮世絵から着想を得た
"日本晴れ"

©adidas

2020 | adidas

日本晴れをコンセプトにしたモデル。サッカー日本代表が、日本中に希望を与える日本晴れの空の様な存在であってほしいという願いが込められている。

ターン
【たーん】

ピッチ上で「ターン！」と声が飛ぶのは、主に相手のゴールに背を向けた選手が、味方から縦パスを受けた時。「ターン！」と声がかかるということは、相手の守備が来ていないので、相手のゴールの方向を向けるからターンしろ！ということ。スムーズにターンできる選手は見ていて気持ちいい。

ターンオーバー
【たーんおーばー】

連戦での選手の疲労や対戦相手との力関係を考慮し、先発メンバーを大幅に入れ替えること。怪我のリスクを回避しながら、戦力の向上や新たなコンビネーションを作り出すことができる。ちなみにお肌のターンオーバーとは肌の新陳代謝のこと。ターンオーバーの機能が低下すると肌のくすみやシミが増えるらしい。

ダイアゴナルラン
【だいあごなるらん】

斜めに走ること。ディフェンスにとってはマークが難しく、味方のためのスペースを生み出す効果もある。

体幹
【たいかん】

基本的には胴体のこと。体幹を鍛えることで、体の軸がぶれず、安定し

たプレーができるようになる。見た目には地味な体幹トレーニングだが、かなりきつい。相当の意気込みで長友佑都の体幹トレーニングの本を買ってはみたものの、途中で挫折した人は少なくないはずだ。

第3ゴールキーパー
【だいさんごーるきーぱー】

チームには4人ほどのゴールキーパーがいる。いつも一緒に練習するゴールキーパーは、一つのグループであり、試合に出られるのは1人だが、このグループの連帯感も大事である。そこで重要になるのが第3ゴールキーパーの振る舞い。試合に絡めなくても腐ることなく、さらに仲間を励ますことができる人間性。強いチームには素晴らしい第3ゴールキーパーが必ず存在する。

ダイナモ
【だいなも】

発電機という意味の言葉から、サッカーではチームの動力として、運動量豊富にピッチをアップダウンする選手のことを言う。北澤豪氏の枕詞として、多く使用されていた。最近あまり耳にしなくなった。

一生
ダイビングッド

ダイビングヘッド
【だいびんぐへっど】

低く飛んできたボールを飛び込むような形でヘディングすること。「一生、ダイビングヘッド」が座右の銘という岡崎慎司のダイビングヘッドには魂を感じる。

タイムアップ
【たいむあっぷ】

試合終了を意味する言葉。和製英語。タイムアップ寸前、「レフェリー！」と叫びながら、試合終了を促すように両手を広げるもしくは腕時計またはエア腕時計を指し示すジェスチャーをするのは勝っているチームの監督の恒例行事。

第4の審判員
【だいよんのしんばんいん】

多くの役割を担っている第4の審判員。選手交代の手続きやアディショ

ナルタイムの表示はもちろん、主審のジャッジをフォローし、警告や退場を記録。テクニカルエリアにも目を配り、監督のクレームにも対応。主審や副審が負傷した場合は、代わってピッチに登場。心身ともに疲れそうな大変な役割だ。

バタバタ

204cm

タオルマフラー
【たおるまふらー】

クラブのグッズとしても必須のアイテム。タオルマフラーを広げ、選手を迎え入れるシーンもよく見かける。限定デザインも多く、2011年、ジェフユナイテッド千葉が発売したのが「オーロイタオルマフラー」。オーロイの身長と同じ204cmの長さ。204本限定。Jリーグ史上もっとも長いタオルマフラーである。

高田静夫
【たかだしずお】

日本人初のワールドカップで主審を務めた人物。1986年、FIFAワールドカップメキシコ大会、スペイン対アルジェリアの一戦で笛を吹いた。2013年、第10回日本サッカー殿堂入り。試合前、気持ちを落ち着かせるために日本茶とお菓子を口にしていたそうだ。

田嶋幸三
【たしまこうぞう】

1957年11月21日生まれ。熊本県出身。公益財団法人日本サッカー協会（JFA）会長。アジアサッカー連盟（AFC）理事。日本サッカー協会今村次吉初代会長から数えて14代目。JFA初の会長選挙で選ばれた会長である。

DAZN
【だぞーん】

スポーツ専門の定額制動画配信サービス。スマホやタブレットでいつでもどこでもライブ中継や見逃し配信を楽しむことができる。J1、J2、J3全試合をライブ配信。Jリーグオフィシャルブロードキャスティングパートナーである。

立ち上がり
【たちあがり】

キックオフから数分間のこと。相手のシステム変更に戸惑ったり、試合に集中できていなかったり、ゲーム運びが不安定になりがちな時間。ここで勝負が決まってしまうことも少なくない。サッカーにおいてとても大事な時間。

タッチライン
【たっちらいん】

長方形のフィールドの長い方のライン。標準サイズは105m。

だって円だもん
【だってえんだもん】

2020年7月18日。鹿島対横浜FMの61分のFKのシーン。バニシングスプレーで弧を描くように壁の位置が記されたことに横浜FMの選手が「なんで線が曲がってるの？」と尋ねた。その時、西村雄一主審は「下がって！ だって円だもん！」と返答。西村主審のキュートな言葉のチョイスは秀逸。コロナ禍のサッカー観戦を明るくしてくれた。

田中マルクス闘莉王
【たなかまるくすとぅーりお】

J1、395試合出場75ゴール。J2、134試合出場29ゴール。DF登録の選手として、J通算100ゴールを超えた初めての選手。2006年Jリーグ MVP。むき出しの闘志で相手に立ち向かい、空中戦では比類のない強さを見せた。巧みな胸トラップが印象に残る。日本代表43試合出場8ゴール。2010年、南アフリカW杯のベスト16進出にも貢献した。

谷間の世代
【たにまのせだい】

1981～1984年に生まれた選手の総称。主な選手は松井大輔、石川直宏、田中マルクス闘莉王、駒野友一、大久保嘉人、田中達也、鈴木啓太、前田遼一、今野泰幸、佐藤寿人など。1997年、1999年と2大会連続で『FIFA U-17世界選手権』出場を逃し、2001年の『FIFA ワールドユース選手権』、2004年の『アテネオリンピック』でグループリーグ敗退に終わる。しかし、2006年に開催された『FIFA ワールドカップ ドイツ大会』以降、日本代表として活躍する選手を多く輩出し、2010年の『FIFA ワールドカップ 南アフリカ大会』ではベスト16進出を果たした。

ダビド・ビジャ
【だびど・びじゃ】

ダビド・ビジャ・サンチェス。スペイン代表歴代最多得点記録保持者。ヴィッセル神戸でプレーしたのは2019年の1年間だったが、シュートのうまさはもちろん、シュートの体勢に持ち込む動きの素晴らしさでもサッカーファンを魅了。「サッカーに引退させられるのではなく、自分の意志でサッカーを引退したいと考えてきた」と引退時に語った。

ダブル
【だぶる】

シーズンダブル。ひとつのシーズンで、リーグ戦で同じ対戦相手に連勝もしくは連敗すること。食らうと気分が悪い。

多摩川クラシコ
【たまがわくらしこ】

JFL時代からライバル関係にあり、多摩川を挟んで存在するFC東京と川崎フロンターレの対戦のこと。2007年に「多摩川クラシコ」と命名されたが、それ以前にもJリーグでの対戦があったため、2007年の対戦は「第11回多摩川クラシコ」としてスタート。2020年シーズン終了時点で、FC東京10勝、川崎フロンターレ17勝、引き分け9回である。

球際
【たまぎわ】

ボールを奪い合うところ。こういう局面の一つひとつの勝負が結果を左右していく。強さや激しさが重要なことは言うまでもないがうまさも必要。優れたブラジル人ボランチはテクニックだけでなく球際の攻防でも相手を上回る。

誰かに合わせてくるぞ!
【だれかにあわせてくるぞ！】

1999年の西が丘で生まれた名言。川崎の松本育夫監督が相手CKの際に「誰かに合わせてくるぞ！」と大声で指示。FC東京との緊迫した首位決戦にもかかわらず、その言葉にスタンドからは爆笑が巻き起こった。なお、2016年にフロンターレ20周年記念OBドリームマッチが開催されたが、松本氏が指揮を執ったチームの名前は「チーム誰かに合わせてくるぞ（DAK）」。ご本人公認の名言でもあるようだ。

ダンマク
【だんまく】

横断幕、応援幕のこと。新加入選手のきれいなダンマクもいいが、長年

在籍する選手の元の色がわからないくらい色褪せたダンマクには味がある。手書きのダンマクは心に訴えるものがある。

チアグランパス
【ちあぐらんぱす】

2020年シーズンに発足したばかりの名古屋グランパスの公式チア。スタジアムでのパフォーマンスや名古屋グランパスのPR活動。チアパフォーマンスで、名古屋グランパスとホームタウンの方々とのコミュニケーションを深める活動をしている。

チアホーン
【ちあほーん】

昭和からJリーグ開幕の頃まで、競技場の観客席で使用されていたサッカー応援アイテムのひとつ。Jリーグ開幕試合の国立競技場で鳴り響いていたのがまさにチアホーンで、あれはブブゼラではない。競技場近隣住民の方にとっては騒音でしかなく、販売中止や使用自粛となった。応援アイテムのはずなのに、どちらを応援しているかがまったくわからない。

チアリーダー
【ちありーだー】

Jリーグのピッチに華やかな彩りを加えてくれているのがチアリーダーの存在。新型コロナウイルスの影響により、Jリーグが中断している時

には、札幌、仙台、川崎、横浜FM、清水、G大阪、鳥栖のチアリーダーによる「#Cheer with J」というコラボ企画も実現した。

TEAM AS ONE
【ちーむ・あず・わん】

Jリーグでは、2011年の東日本大震災の発災を受け「チカラをひとつに。－TEAM AS ONE－」というスローガンのもと義援金募金や復興支援活動を開始。以来、大きな災害が発生した際は全クラブが「TEAM AS ONE」を掲げ、一斉募金などの活動を行っている。

チームスローガン
【ちーむすろーがん】

新シーズンに向けて、各クラブが掲げるのがチームスローガン。力強いものからなんだかよくわからないものまでさまざま。デザインもかなり凝っていて、一つひとつじっくり見ていくと、かなり楽しめる。

チェアマン
【ちぇあまん】

組織の長を意味する言葉。Jリーグのチェアマンとは公益財団法人日本プロサッカーリーグ（Jリーグ）理事長の別称。鈴木昌第2代チェアマンは東京大学出身。その他4名は早稲田大学出身。チェアマンを目指すなら、まずは早稲田を目指そう。

チェイシング
【ちぇいしんぐ】

ボールを持っている相手を追いかけ回し、プレッシャーをかけること。2021年、浦和に加入した明本考浩はチェイシングの鬼。二度追い、三度追いなど朝飯前。90分間、走り続ける。

遅攻
【ちこう】

ゆっくり攻めるに加えて攻め急がないという意味も含まれている。慌てて少ない人数で攻めてボールを失い、相手の攻撃が始まることを避けることも重要。ゆっくり攻めて、相手の選手を一度自陣に帰陣させ、カウンターの危険を回避することも必要。ゲームマネジメントにおいて、遅攻を選択することも非常に大切。勝つためにあえて急がないのである。

チップキック
【ちっぷきっく】

ボールを浮かせるために、ボールの下につま先を滑り込ませるようにして蹴る技術。チップキックでふわりとしたボールを蹴り、ディフェンスやキーパーの頭上をうまく越えると気持ちがいい。

ちばぎんカップ
【ちばぎんかっぷ】

毎年、シーズン開幕前に開催されるジェフユナイテッド市原・千葉と柏レイソルのプレシーズンマッチ。2020年で25回を迎えた。その歴史ゆえ「FIFAワールドカップ」、「UEFAチャンピオンズリーグ」、「ちばぎんカップ」を世界三大カップと呼ぶ人も。回数ではすでにワールドカップを抜いている。

チャレンジアンドカバー
【ちゃれんじあんどかばー】

守備の基本。ボールを持っている相手に対して、一人がチャレンジし、もう一人がカバーリングするというもの。ディフェンスの選手はチャレンジアンドカバーを繰り返している。

チャント
【ちゃんと】

コールリーダーの合図と太鼓の音だけで、何千人、何万人の人達が声を揃えて歌う応援歌。波に乗っているチームをさらに勢いづけ、苦しい状況の選手やチームを励まし、後押しする。スタジアムの空気、ゲーム状況にチャントが見事にハマると、スタジアム全体の熱量が上がる。

中央突破
【ちゅうおうとっぱ】

遠回りせず、ゴールへ最短距離で向かって、ピッチの中央を攻撃していくこと。ピッチの中央は選手密度も高く、守備も固められているので、突破は困難を極める。突破するには、選手の技術とともにアイデアやイマジネーション、意外性や即興性が必要。困難がゆえに、成功時の爽快感は半端ない。

調子乗り世代
【ちょうしのりせだい】

1986〜1987年に生まれた選手の総称。主な選手は本田圭佑、長友佑都、岡崎慎司、香川真司、安田理大、槙野智章、柏木陽介、太田宏介、内田篤人など。派手なゴールパフォーマンスから「調子乗り世代」「悪ガキ世代」などと評されるようになる。2007年に開催された『FIFA U-20 ワールドユース カナダ大会』では日本サッカー史上初となる2試合でのグループリーグ突破を決めたものの、ベスト16で敗退。2008年に開催された『北京オリンピック』でグループリーグ全敗に終わったことから1985年生まれの選手とも合わせて「谷底世代」とも称された。

直接フリーキック
【ちょくせつふりーきっく】

蹴るまでの緊張感と、ネットが揺れた時の解放感。直接FKからのゴールはサッカーの最高の見せ場の一つ。これまで、J1で直接FKから一番多くゴールしているのが中村俊輔で24ゴール。2位は17ゴールの遠藤保仁。3位は15ゴールで、三浦淳宏、小笠原満男、マルシオ・リシャルデス。キックの名手ばかりだ。

チンチン
【ちんちん】

サッカーの世界で、ぐうの音も出ないほどの意。例えば、大敗した時に「チンチンにやられた」。ボールが触れないほどにポゼッションで大きく上回られた時に「チンチンにボールを回された」などと使う。耳ではよく聞くが、文字ではあまり見たことがないのでカタカナか平仮名かは不明。

つ
ツインズ
【ついんず】

双子Jリーガーといえば、佐藤勇人（兄）と寿人（弟）。千葉のアカデミー出身。日本代表にも2人で出場を果たしている。キャラクターやプレースタイルが違うのもおもしろい。森崎和幸（兄）と浩司（弟）は2人ともアカデミー時代から広島一筋。まさにバンディエラである。その他にも、松田陸（兄）力（弟）や西谷優希（兄）和希（弟）、黒木恭平（兄）晃平（弟）兄弟など。双子がゆえに、見分けるのが難しいこともある。

ツインタワー
【ついんたわー】

ツートップの2人に、どちらも長身の選手を起用すること。長身を生かしてゴールを狙うも良し、競った後のこぼれ球を狙うも良し。クロスが多くなり、ゴール前の迫力は増す。

ツートップ
【つーとっぷ】

最前線にフォワード2人を配置すること。2人の組み合わせによって攻撃の色合いが変わる。ともに得点力のあるジュビロ磐田の中山雅史と高原直泰のコンビや高さの西澤明訓と機動力の森島寛晃のセレッソのツートップなど、多くのツートップがJリーグのピッチを彩った。

通訳
【つうやく】

外国人監督の指示を日本人選手に伝えるのも、日本人監督の指示を外国籍選手に伝えるのも通訳。Jリーグにおける通訳の方の仕事は多岐にわたり、ピッチレベルだけでなく日常生活もサポートする。C大阪の通訳、

ほぼ同じ顔の森崎兄弟

浩司　和幸

あんまし似てない佐藤兄弟

勇人　寿人

ガンジーさんこと白沢敬典さん、鹿島の通訳高井蘭童さん、いつもミシャの横には杉浦大輔さんなど、お馴染みの通訳の方がたくさん存在する。

塚田貴志
【つかだたかし】

セルビア語通訳。セルビアの2部、3部でプレー。その後、セルビアのベオグラード大学サッカー学科でコーチングやスポーツ医学などを学んだ。日本に戻り、Jリーグではクロアチアやセルビアの選手、監督をサポート。FC町田ゼルビアのランコ・ポポヴィッチ監督にとっても塚田通訳は欠かせない存在である。

ツネ様
【つねさま】

選手時代も監督としてテクニカルエリアで指示を出す時も、いつもスマートでクールなガンバ大阪の宮本恒靖監督のこと。韓国ドラマ、冬のソナタが大人気となり、主役のペ・ヨンジュンがヨン様と呼ばれたように、いつしかツネ様という呼び方が定着。Jリーグの公式サイト内でツネヤスミヤモトコレクション、略して「＃ツネコレ」も開催された。

て

DJ YUYA
【でぃーじぇい・ゆうや】

サガン鳥栖のスタジアムDJ。FMでDJをするために生まれたような渋くてかっこいい声はサガン鳥栖の一部といっても過言ではない。1995年、鳥栖フューチャーズ（当時）の主催試合でもスタジアムDJを務めている。2004年、totoが当たり、その賞金（100万円）でクラブにワゴン車を寄贈している。

提携国枠
【ていけいこくわく】

タイ、ベトナム、ミャンマー、カンボジア、シンガポール、インドネシア、マレーシアの国籍を有する選手は、Jリーグ提携国枠の選手として、外国籍選手とカウントはされない。将来Jリーグに東南アジアの選手が増えていく可能性は十分ある。

ディフェンシブサード
【でぃふぇんしぶさーど】

ピッチを三分割した時の自陣ゴール側の3分の1のスペースのこと。「ごめん、ごめん」では済まないエリア。ミスが失点に直結するので、高い緊張感を持ってプレーしなければならない。

さ、スピードなど守り方にも色々な特徴があるが、何がなんでも失点しないという強い責任感が必要。基本的にリアクションが多いので、精神的なタフさも必要とされる。

ディフェンスライン
【でぃふぇんすらいん】

ゴールキーパーを除いた守備陣が横一線に並んだ陣形。ディフェンスの選手はディフェンスラインの上げ下げに気を使う。相手がバックパスするたびにラインを上げたり、相手フォワードとの駆け引きで、少し下げてみたり。テレビの画面には映ることが少ないラインの微調整はスタジアムで楽しもう。

ディフェンスリーダー
【でぃふぇんすりーだー】

ディフェンスラインを統率し、ゴールを守るためにディフェンダーだけでなく、ゴールキーパーやボランチの選手にも指示を出し、チームの守備を牽引するのがディフェンスリーダーの役目。声やジェスチャーで守備の方向性を示す。

ディフェンダー
【でぃふぇんだー】

DF。チームの中でも、自チームのゴールに近いところで基本的には守備をするポジション。フィジカルの強

ディフレクション
【でぃふれくしょん】

選手に当たって、ボールの軌道が変わること。

ディレイ
【でぃれい】

守備時に相手の攻撃を遅らせること。積極的にボールを奪いに行くのではなく相手の攻撃を遅らせ、その間に守備の陣形を整える。

テーピング
【てーぴんぐ】

90分間の試合で、激しいボディコン

タクトや長距離を走ったり、スプリントを繰り返すことが多いサッカー。テーピングは太腿、ふくらはぎ、手首、足首、膝など部位によってさまざまな貼り方があり、怪我の予防、疲労の軽減、コンディションの維持のために用いられる。

デカモリシ
【でかもりし】

セレッソ大阪U-15、滝川二高を経てセレッソ大阪でプロデビューした188cmの大型ストライカー、森島康仁の愛称。セレッソの森島といえばモリシこと森島寛晃。森島寛晃は身長168cm 。ゆえに、デカい森島康仁はデカモリシと名付けられた。ただ、最近は「デカ」とも呼ばれているので、名字ありきというより体格重視へと変化している。

テクニカルエリア
【てくにかるえりあ】

競技規則の一部を抜粋すると、特定された座席部分から両横に1m（1ヤード）、前方にタッチラインから1m（1ヤード）の範囲である。その都度ただ1人の役員のみが戦術的指示を伝えることができる。そして、次の一文を頭に入れて、テクニカルエリアを見るとサッカーが楽しくなる。監督及びその他テクニカルエリアに入る者は責任ある態度で行動しなければならない。解釈は人それぞれです。

テゲバジャーロ宮崎
【てげばじゃーろみやざき】

2021年シーズンからJ3入りするのがテゲバジャーロ宮崎。これで、九州、沖縄の全県にJリーグのクラブが存在することになる。宮崎弁の「てげ」（すごい）にスペイン語の牛（Vaca）と鳥（Pajaro）を組み合わせてテゲバジャーロ。牛のように勇猛果敢に、鳥のように空高く羽ばたくという願いが込められ、「宮崎牛」や「チキン南蛮」のように宮崎県民にとって欠かせない存在になることを目指している。

デコイラン
【でこいらん】

囮（おとり）の動きのこと。この動きによって、相手ディフェンスを引きつけ、味方の選手をフリーにしたり、味方がドリブルできるスペースを作ったりする。

ムキ

デジタルブラジャー
【でじたるぶらじゃー】

選手がユニフォームの下に着用する、オーストラリアに本拠を構えるカタパルト社開発のスポーツブラ的なもの。背中にGPSデバイスを固定するポケットが付いていて、速度、スプリント回数、走行距離だけでなく加速回数、方向転換回数、心拍数など選手の動きをデータ化。怪我のリスクを下げることやコンディション管理に用いられる。

デスゴール
【ですごーる】

ジュビロ磐田在籍時の前田遼一がシーズン最初のゴールを決めた対戦相手がJ2に降格するという恐ろしいジンクス。2007年のヴァンフォーレ甲府に始まり、東京ヴェルディ、千葉、京都、山形そして2012年のG大阪までジンクスは6年間続いた。2013年、前田にシーズン初ゴールを決められた浦和レッズは降格しなかったが、前田遼一が所属していた

ジュビロ磐田が降格した。

デットマール・クラマー
【でっとまーる・くらまー】

日本サッカーの父。1960年に来日し、4年後の東京オリンピックに向けて日本代表を強化。功績は日本代表を強化しただけにとどまらず、現在の日本サッカーの指導者養成やユース育成など日本サッカーの礎を築いた。「サッカーは子供を大人に、大人を紳士にする」。2015年、90歳でこの世を去ったが、数々の名言は今後もずっと生き続ける。

デュエル
【でゅえる】

2人を意味するラテン語の「DUO」が語源の言葉。「決闘」や「果たし合い」を意味し、あらゆる局面での1対1の戦いのことをいう。ハリルホジッチ元日本代表監督はサッカーにおけるデュエルの重要性を説いた。

点取り屋
【てんとりや】

ゴールを量産するストライカーのことだが、「点取り屋」と日本語にするとゴール職人な感じが強まる。職業欄に「フォワード」って書きそうだ。

天皇杯
【てんのうはい】

正式名称は天皇杯JFA全日本サッカー選手権大会。日本サッカー協会

チーム登録種別の第1種登録があれば、アマチュアのチームでも参加でき、勝ち進んでいけば、Jリーグのチームと公式戦で戦うこともできる夢のあるオープンな大会。歴史ある天皇杯は2020年大会で第100回を迎えた。

と

トゥーロン国際大会
【とぅーろんこくさいたいかい】

フランスで開催されるU-23世代のサッカーの国際大会。2019年に行われた第47回大会では、U-22日本代表が決勝進出。U-22ブラジル代表と戦い、90分間を終えて1対1。最後はPK戦の末、惜しくも敗れて準優勝に終わった。

東京オリンピック世代
【とうきょうおりんぴっくせだい】

1997〜2000年に生まれた、2020年に開催予定だった『東京オリンピック』に出場可能な年齢の選手の総称。主な選手は堂安律、冨安健洋、上田綺世、三笘薫、三好康児、安部裕葵、中山雄太、大迫敬介、旗手怜央、板倉滉、田中碧など。2016年に開催された『AFC U-19選手権』で優勝。2017年、『FIFA U-20 ワールドカップ』では決勝トーナメントに進出するも、ラウンド16で敗退。2019年に開催された『AFC U-23選手権2020』ではグループリーグ敗退。

闘将
【とうしょう】

常に強い闘志を前面に出し、相手に立ち向かっていく選手。そのためには、味方の選手にも厳しい言葉をぶつけ、仲間から嫌われることも厭わない。いつもうまくいくわけではなく、苦しい時ほど闘将の存在が必要となる。柱谷哲二やドゥンガ、田中マルクス闘莉王はまさに闘将と呼ばれるにふさわしい選手だった。

東北人魂
【とうほくじんだましい】

東北人魂を持つJ選手の会。東日本大震災を機に東北地方のサッカー復興のために設立された。Jリーグ公式戦の招待活動や東北地方でのサッカーイベントの開催など、発起人の1人である小笠原満男中心に様々な活動を現在も継続している。

ドゥンガ
【どぅんが】

本名、カルロス・カエタノ・ブレド
ルン・ヴェーリ。ブラジル代表のキ
ャプテンとして、1994年アメリカ
W杯優勝に貢献。1995年～1998
年、ジュビロ磐田でプレー。1997
年、ジュビロ磐田年間優勝の立役者
となり、この年のMVPにも選ばれ
た。勝利のために、味方にも厳しい
声をかける姿はまさに闘将だった。

ドゥンビア
【どぅんびあ】

ドゥンビア・セイドゥ。圧巻のスピ
ードで相手守備陣を切り裂く元コー
トジボワール代表FW。2006年柏レ
イソルに加入。2008年、期限付き
移籍で加入した徳島ヴォルティスで
大活躍。2008年、キリンカップで
来日したコートジボワール代表のヴ
ァイッド・ハリルホジッチ監督（当
時）はJリーグにコートジボワール
人選手がいることを知り急遽選集。
これをきっかけに代表にも呼ばれる
ようになり、ヨーロッパのクラブで
活躍する選手になっていった。

トーキック
【とーきっく】

足のつま先でボールを蹴ること。確
実性に乏しく使用頻度は低いが意外
性があるので、シュートシーンでは
ゴールキーパーのタイミングをずら
す効果がある。

ドーハの悲劇
【どーはのひげき】

1993年10月28日、カタールの首都
ドーハのアルアリ・スタジアムで行
われた、アメリカワールドカップ・
アジア地区最終予選、日本対イラク
戦。2対1で日本リード。勝利すれば、
日本はワールドカップ初出場の切符
を掴めたが、終了間際にイラクに追
いつかれ、ワールドカップ初出場の
夢が絶たれた。実況の久保田光彦ア
ナも東京のスタジオで、いや日本全
体があの瞬間、言葉を失った。

DOGSO
【どぐそ】

Denying Obviously Goal Scoring
Opportunity の頭文字をとったも
の。決定的な得点の機会を阻止する
ことで、レッドカードに該当。以下
の4要件を満たすとDOGSO成立と
なる。1、反則地点とゴールの距離。
2、プレーの方向。3、守備競技者の
位置と数。4、ボールをキープでき

る、またはコントロールの可能性。
Jリーグウォッチャー（自称）のひらたさんはドグソマスターと呼ばれているらしい。

日本人初
得点王

1995
福田
正博

得点王
【とくてんおう】

1シーズンで一番多く得点した選手のこと。日本人初の得点王は福田正博（浦和）。シーズン最多得点は1998年の中山雅史（磐田）で36得点。大久保嘉人（川崎）は2013年から3年連続得点王という偉業を達成した。

特別指定選手
【とくべつしていせんしゅ】

JFA・Jリーグ特別指定選手制度。全日本大学サッカー連盟、全国高等学校体育連盟サッカー部、またはJ

クラブ以外の第2種日本クラブユース連盟加盟チーム所属選手で、日本サッカー協会が認めた者が、現所属チームに登録したまま、Jリーグ等のクラブの練習や試合に出場できる制度。特別指定選手の活躍がチームを活性化することも少なくない。

栃木県民の歌
【とちぎけんみんのうた】

栃木SCのサポーターが試合前そして勝利後に歌い上げる歌。♪栃木県われらの　われらのふるさと♪ 郷土愛に満ちた歌詞と校歌を思わせる懐かしい旋律が心にしみる。宇都宮には餃子とジャズとカクテル、そして栃木SCがある。

ドッピエッタ
【どっぴえった】

イタリア語で1試合で1人が2得点すること。セリエAの中継で耳にする。スペイン語ならドブレーテ。ドイツ語ならドッペルパック。日本語ならどんな言葉がいいだろう？ 日本独自の1試合で1人が2得点したことをたたえるような言葉を見つけたい。

トップ下
【とっぷした】

フォワード（トップ）の後ろに位置し、ラストパスでゴールを演出。さらに自らゴールを決めるような華があり、攻撃的センスを存分に発揮できるポジション。

toto
【とと】

一般的にはサッカーくじと呼ばれるスポーツ振興くじ。キャリーオーバーという魅惑の言葉に誘惑される。欲が肥大し、ダブル、トリプルの連発で当初の予算は楽々オーバーし、マークシートは真っ黒。それでも1等は夢のまた夢。「totoが当たったら仕事を辞める」と言った人が仕事を辞めたところを見たことがない。

等々力迷宮
【とどろきめいきゅう】

川崎フロンターレのホーム、等々力陸上競技場は周りが住宅街なので、帰り道に迷うこともあり、川崎サポーターについて行くと、行きたい駅とは違う駅に着いてしまったり、サ

ポーターの自宅に着いてしまったりするというもの。

飛田給
【とびたきゅう】

味の素スタジアムの最寄駅は京王線の飛田給駅。試合開催時は特急や準特急が臨時停車することもある。この漢字を見て「とびたきゅう」と迷いもなく読めるのは地元の人とサッカーファンと鉄道マニアと見てほぼ間違いない。

トヨタカップ
【とよたかっぷ】

1981年から2004年まで日本で開催された、ヨーロッパと南米のクラブチャンピオンが対戦し、クラブチーム世界一を決める大会。世界最高峰のプレーを日本で見ることができる貴重な機会だった。幻のゴール後、ピッチに寝そべるプラティニ。雪の中のポルト対ペニャロール。名選手、名場面の記憶が色褪せることはない。

トライアウト
【とらいあうと】

プロ野球のトライアウトはよく耳にするが、サッカーでもシ

ーズン終了後JPFA（日本プロサッカー選手会）トライアウトが開催される。来シーズンの所属先の決まっていない選手は猛烈にアピールし、クラブ関係者も戦力になりそうな良い選手を見つけるため、ピッチに熱視線を注ぐ。2020年のトライアウトでは、かつて松本山雅FCでも活躍した岩間雄大やアルビレックス新潟シンガポールでプレーしていたJリーグ歴代最長身選手、205cmの畑中槙人などが参加した。

トライアングル
【とらいあんぐる】

ボールを持っている選手に対し、サポートする2人が三角形になるようにポジショニングすること。ピッチに描かれている三角形を意識してサッカーを見ると、新たな発見をすることがある。

ドラゴン
【どらごん】

Jリーグでは広島、横浜FM、横浜FCでプレー。日本代表でも活躍した久保竜彦の愛称。ずば抜けた身体能力と豪快なプレーは底知れぬポテンシャルを感じさせた。野性味に溢れ、敵も味方も観客も想像がつかないようなプレーを披露。そのスケール感は魅力的。漏れ伝わってくる数々のドラゴン伝説もさらに魅力的だった。引退後は農業や塩づくりにも取り組んでいる。

トラッキングデータ
【とらっきんぐでーた】

トラッキングとは追跡、追尾という意味。サッカーのトラッキングデータとは試合中の選手とボールの全時刻における地点情報を取得したデータのこと。選手の走行距離やスプリント回数などが数値化され、選手の動きの質や量が可視化される。

トラップ
【とらっぷ】

飛んできたボールを手以外の体の部分を使って止めること。「止めて、蹴る」の「止めて」の部分で、最も重要な技術とも言われる。「ファーストタッチ」や「ボールの置きどころ」などトラップへのこだわりが、ドリブル、パス、シュートへと繋がっていく。

トランジション
【とらんじしょん】

攻守の切り替えのこと。現代サッカーでは攻守の切り替えの速さが必要とされる。守備から攻撃への切り替えをポジティブトランジション。攻撃から守備への切り替えをネガティブトランジションと言う。「切り替えろ！」。監督の大きな声がスタジアムに響き渡る。

鳥かご
【とりかご】

ロンドとも呼ばれる。シンプルで基本的な練習にもかかわらず、サッカーのすべての要素が詰まっていると言われる練習法。鬼役（守備の役割）を決め、鬼役にボールを奪われないように複数人でパスを回す練習。タッチ数やボールを動かせるエリアの広さに制限を加えることで難易度が増す。足もとの技術が高い選手のボール回しは見ていて本当に楽しいが、鬼役は本当につまらない。

トリコロールマーメイズ
【とりころーるまーめいず】

横浜F・マリノス公式チアリーディングチーム。ホームゲームをパワフルかつ華やかに盛り上げるだけでなく、ホームタウンイベントやスポンサーイベントなどにも多く出演。オフィシャルファンクラブ『Mermates』もあり、ファンクラブ会員限定のイベントも開催される。

トリッキー
【とりっきー】

名詞「trick」の形容詞。ずるい、油断ならない、扱いにくいなどの意味があるが、サッカーでは予測がつかない、意外性のあるという意味で使われる。トリッキーなパス、トリッキーなフェイントなどと攻撃の場面で使われることが多い。トリッキーなスライディング、トリッキーなセーブも存在していいはずだが、見たことも聞いたこともない。

トリッピング
【とりっぴんぐ】

足や手、体を使って相手をつまずかせる反則。反則を受けた側に直接フリーキックが与えられる。

トリパラ
【とりぱら】

横浜F・マリノス勝利後、スタンドではトリコロール柄のパラソル（トリパラ）が開き、『コーヒー・ルン

バ』に乗せて、トリバラがくるくると回転。この光景が実に楽しげで美しい。応援にも雨具にも役立つアイテムである。

トルシエ
【とるしえ】

フィリップ・トルシエ。1998年、日本代表監督に就任。U -20や五輪代表の監督も兼任し、1999年のワールドユースでは準優勝。2000年、シドニーオリンピックでは決勝トーナメント進出。AFCアジアカップ優勝。2002年の日韓ワールドカップでは、日本代表をベスト16に導いた。2020年日本サッカー殿堂入り。現在、U-19ベトナム代表監督を務めている。

ドロー
【どろー】

引き分けのこと。引き分けだから決着がついていないのに、「ドロー決着」っていうのが少々気持ち悪い。

ドロップボール①
【どろっぷぼーる・いち】

選手の負傷やボールの破損、動物の侵入などで審判の判断によりゲームが止められた時の再開方法。ルール改正により、審判にボールが当たり、ボールを保持するチームが変わった場合もドロップボールでゲームが再開されることになった。また、必ず一人の選手にボールをドロップすることになり、他の選手は4m 以上ボールから離れなければならない。

ドロップボール②
【どろっぷぼーる・に】

「ドロップボールの際、4m以上離れなければならない」。なぜ、4mなのか？ FIFA・AFC・JFA審判インストラクターの深野悦子さんに尋ねると、なんと深野さんはIFAB（国際サッカー評議会）の主要な方に理由を聞いてくれました。相手ペナ付近でドロップした場合、あまり有利にならないようにしたかった。4mはプレーヤーにある程度の自由を与えるが、あまり大きなスペースは与えないとのことです。深野さんありがとう。

Nice Shut Out!
【ないす・しゃっと・あうと】

浦和レッズが無失点勝利した時、埼玉スタジアム2002のオーロラビジョンにシャッターが降りるCGの映像が映し出され、そのシャッターには「Well done! Reds Eleven! Nice Shut Out!」の文字。レッズをサポートする文化シヤッターはおしゃれな演出で無失点勝利をたたえる。

長居の悲劇
【ながいのひげき】

5チームに優勝の可能性を残して迎えた2005年J1最終節。首位に立っていたC大阪は、ホームの長居でFC東京と対戦。西澤明訓の2ゴールでリードしたまま後半アディショナルタイムを迎えたが、土壇場で今野泰幸に同点弾を浴びて試合はドロー。G大阪に優勝をさらわれた上、5位まで転落。クラブ悲願のタイトル獲

得は幻と消えた。試合後、呆然と立ち尽くしていたミスターセレッソ森島寛晃の涙がとにかく印象的。

長崎スタジアム
シティプロジェクト
【ながさきすたじあむしてぃぷろじぇくと】

長崎市幸町の工場跡地に、V・ファーレン長崎のサッカースタジアムを中心としてアリーナやオフィス、商業施設やホテルなどの周辺施設を民間主導で開発するプロジェクト。完成目標は2024年。

中田英寿
【なかたひでとし】

愛称ヒデ。中盤で別格の存在感を放ち、日本人が海外でもプレーできることを証明した選手。ペルージャ時代の開幕戦、ユベントスからの2ゴール。「よっしゃー！」と叫んだ、ローマ時代のユベントス戦での伝説のミドルシュート。遠く離れたイタリ

アからの映像に、サッカーファンは熱狂した。

中村覚之助
【なかむら かくのすけ】

和歌山県那智町（現・那智勝浦町）出身。1900年、東京高等師範学校（現・筑波大学）に入学。洋書を翻訳して『アッソシエーションフットボール』として刊行し、ア式蹴球部を創設。これが日本で最初のア式フットボール（現在のサッカー）のチームであると言われている。

中村憲剛
【なかむらけんご】

J1、471試合出場74ゴール。J2、75試合出場9ゴール。川崎一筋であり川崎フロンターレの象徴。2020年シーズンを最後にユニフォームを脱い

だ。40歳の誕生日に等々力でバースデー弾。翌日に引退表明。その後、アウェイゲームでも、大きな拍手が送られた。川崎フロンターレのサポーターはもちろん多くの人に愛された選手だった。

中村俊輔
【なかむらしゅんすけ】

日本が誇る最高のレフティーの一人。フリーキックを蹴る時のフォーム、そしてボールの軌道の美しさ。シルエットであっても、中村俊輔とわかるくらい、フォームがカッコいい。セルティック時代のチャンピオンズリーグ、対マンチェスター・ユナイテッド戦で決めた直接フリーキックはもはや伝説。世界中が酔いしれた。

中山雅史
【なかやままさし】

「炎のゴールハンター、得点王の中山です」。1998年、MVPと得点王に輝いた中山雅史はJリーグアウォーズの壇上でこう語った。質の高い動きだしと魂のこもったプレーでJリーグ、日本代表を牽引。J1、355試合出場157ゴール。1998年、4試合連続ハットトリックを含む、シーズン36得点はJリーグのシーズン最多得点記録。1998年、フランスW杯では、ワールドカップ日本代表初ゴールも記録している。2021年、古巣ジュビロ磐田のコーチに就任。12年ぶりにジュビロに戻ることになった。

那須大亮
【なすだいすけ】

横浜FM、東京ヴェルディ、磐田、柏、浦和、神戸で活躍。試合中鼻骨骨折しても、自ら元に戻して試合を続ける魂のディフェンダーだった。現在、チャンネル登録者数26万超を誇る人気YouTuber。YouTubeからJリーグを盛り上げている。

なでしこジャパン
【なでしこじゃぱん】

サッカー日本女子代表の愛称。2011年、ドイツで開催されたFIFA女子ワールドカップでは、決勝でアメリカと対戦し、延長戦、PK戦まで続く激闘を制し世界一に輝いた。

日本でサッカーをプレーする少女たちの夢であり憧れである。

楢崎正剛
【ならざきせいごう】

国際Aマッチ77試合出場。横浜フリューゲルス、名古屋グランパスのゴールマウスに立ち続け、J1出場試合数は631試合で遠藤保仁に次いで2位。Jリーグベストイレブン6回。2010年、JリーグMVPはJリーグ史上唯一のゴールキーパーでのMVP。日本を代表するゴールキーパーの一人である。

に

ニア
【にあ】

ボールを持っている選手から近いサイドをニア、ニアサイドと呼ぶ。ニアとファーでバランスよく選手を配置できればいいが、点が欲しい状況になればなるほど、冷静さを失い、2人も3人もニアに走り込んだり、ファーに人が固まっていたり。うまくいかないからサッカーはおもしろい。

新井山祥智
【にいやましょうち】

青森県三戸郡五戸町出身。光星学院高校（現・八戸学院光星高校）、八戸大学を経て、2008年、東北社会人リーグ2部北に所属していたヴァンラーレ八戸に加入。以来、ヴァンラーレ八戸とともに歩み、ステップアップし、33歳でJデビューを果たした、まさにバンディエラ。卓越したボールコントロール、ゲームコントロールで2021年シーズンもヴァンラーレ八戸を牽引する。

ニーヤン
【にーやん】

柏、名古屋、横浜FCでプレー。2011年は柏レイソルの優勝の立役者となり、MVPにも選ばれたレアンドロ・ドミンゲスのニックネーム。ドリブル、パス、シュート。攻撃的なシーンで数え切れないほどスーパーなプレーを見せる選手でありながら、ニックネームがベタな「ニーヤン」というギャップがたまらない。

肉離れ
【にくばなれ】

スポーツのプレー中に急に負荷のかかる動きをしたことで、筋肉の収縮によって筋膜や筋繊維が損傷・断裂することを呼ぶ。

西が丘
【にしがおか】

味の素フィールド西が丘はサッカーファンに愛されるサッカー場。収容人数7,258人。ピッチとスタンドが近くコンパクト。サッカーのライブ感をダイレクトに味わうことができる。高校サッカー、関東大学リーグ、女子サッカー、そしてJリーグの試合も開催される。1972年に完成。サッカー専用なのに、こけら落としは日本対スペインの男子ホッケーの試合だった。

西川大介
【にしかわだいすけ】

2001年からセレッソ大阪のスタジアムDJを務める。コールアンドレスポンスによる応援をJリーグに持ち込んだ。サポーターとの距離も近く、セレッソ大阪の応援スタイルをサポーターとともに作り上げる。サッカー日本代表のスタジアムDJも務める。

西京極のドット絵
【にしきょうごくのどっとえ】

京都のホームスタジアムだった西京極は、2016年まで単色電球による電光掲示板を使用。選手や監督の顔をオレンジの電球のみで表示していたが、その再現性のクオリティは匠の技による伝統芸能の域まで達

していた、"ドット絵"と呼ばれて親しまれていた。

西野朗
【にしのあきら】

Jリーグでは、柏、ガンバ大阪、神戸、名古屋を率いてJ1通算270勝でJ1通算勝利数歴代1位監督。アトランタ五輪でU－23日本代表を率いてブラジルに勝利（マイアミの奇跡）。ロシアW杯では日本代表を率いてベスト16進出。2019年7月からタイ代表とU-23タイ代表監督を務める。早稲田大学時代は多くの女性ファンがスタンドを埋めていたそうだ。カッコいいよね～。

偽サイドバック
【にせさいどばっく】

ジョゼップ・グアルディオラがバイエルン・ミュンヘン時代に編み出したとされる偽サイドバック。Jリーグでは、横浜F・マリノスを率いるアンジェ・ポステコグルー監督がチームにこの戦い方を落とし込んだ。

サイドバックの松原健やティーラトンがマイボールになると、中盤の中央にポジションを取る。これまでのサイドバックでは考えられないようなポジショニングがゆえに偽サイドバックと呼ばれる。

日韓W杯
【にっかんわーるどかっぷ】

日本と韓国の共同開催で行われた2002 FIFAワールドカップ。大会前から日本中お祭り騒ぎ。最高だったな〜。もう一度、日本でワールドカップが見たい。そのためなら私はなんでもするぞ！

日程くん
【にっていくん】

本名、Jリーグ・マッチスケジューラー。通称、日程くん。見た目はなんの変哲もないPCに見えるが、実は最後まで目が離せないドラマの構成を作り上げる天才脚本家。諸条件を考慮して、年間の日程を作るだけでなく、終盤戦に劇的なカードを用意し、素晴らしい作品を提供する。

日本サッカー殿堂
【にっぽんさっかーでんどう】

日本サッカーの発展に尽力した功労者をたたえるもの。「日本サッカーに永年にわたって顕著な貢献をした者」、「満60歳以上の者（物故者は含まれない）」という二つが資格要件。個人だけでなく、「第11回オリンピック競技大会（1936/ベルリン）日本代表チーム」や「第19回オリンピック競技大会（1968/メキシコシティ）日本代表チーム」も殿堂入りを果たしている。

日本サッカー協会
【にほんさっかーきょうかい】

公益財団法人日本サッカー協会。Japan Football Associationの頭文字をとってJFAとも。A代表はもちろん各年代の代表チームを組織。選手だけでなく、指導者や審判員も育成、登録するなど、日本サッカー界を統括し代表する団体である。

日本サッカーミュージアム
【にほんさっかーみゅーじあむ】

日本サッカー協会ビル（JFAハウス）の地上1階、地下1階、2階にある日本サッカーの博物館。歴史を学べる資料、懐かしいユニフォーム、光り輝くトロフィーなど数多くの貴重な品々が展示されている。入場料は大人550円、小中学生300円。かなり楽しめます。

日本人ならお茶漬けやろ!
【にほんじんならおちゃづけやろ！】

「ホットドッグ食べに行こうよ」とランドセルを背負う小学生2人組。この台詞がラモス瑠偉の逆鱗に触れた。「コラコラコラ！ 日本人ならお茶漬けやろ！ お茶漬けやろ！」。1994年、永谷園のお茶漬け海苔のCMの一コマ。最後にナレーションで「ラモスグッズ当たります」と一言。ラモスグッズって何だったんだろう？

日本フットボールリーグ
【にほんふっとぼーるりーぐ】

略称JFL。企業チーム、Jリーグ入会を目指すクラブ、地域のアマチュアクラブなどが混在するリーグ。だからこそ、JFLならではのおもしろさや戦う難しさがある。2020年優勝はヴェルスパ大分。2016年から四連覇していたHonda FCは4位に終わった。

ニューヒーロー賞
【にゅーひーろーしょう】

ルヴァンカップ（旧ヤマザキナビスコカップ）のグループステージから準決勝までの試合を通じて活躍が顕著であった21歳以下の選手に贈られる賞。この賞に選ばれた後、Jリーグを代表する選手や日本代表の中心になる選手が多い。2020年の受賞者はセレッソ大阪の瀬古歩夢。

ぬか喜び
【ぬかよろこび】

あとでガッカリするような一時的な喜び。VARが導入されると、ぬか喜びシーンがどうしても出てしまう。ゴールが決まって、感情を爆発させた後に、VAR介入でゴール取り消し。完全にぬか喜び。感情を返してほしい気分になる。

抜け出し
【ぬけだし】

オフサイドにかかることなく、相手ディフェンスラインの裏に走り込み、味方のパスを受けること。うまくいけば、あとはゴールキーパーとの1対1を冷静に決めるだけである。

ネーミングライツ
【ねーみんぐらいつ】

スポーツ施設などの名前に企業名やブランド名をつけるために、公共施設の命名権を企業が買うこと。企業にとっては宣伝効果があり、自治体側は維持費を軽減することができる。命名権を買ってくれている企業には感謝しかない。だから、できるだけスタジアム名は略さずに呼びたい。

『能町みね子のときめきサッカーうどんサポーター』、略して能サポ
【のうまちみねこのときめきさっかーうどんさぽーたー、りゃくしてのうさぽ】

JFL時代のカマタマーレ讃岐を追いかけたルポエッセイ。カマタマーレ讃岐という名前に食いついた能町みね子さんが、カマタマーレ讃岐に関わる人たちや讃岐うどんにハマっていく様子が描かれた作品。J3やJFLのスタジアムで感じられるような空気感がゆる～く描写されていて、スタジアム観戦を楽しむ人にはたまらない一冊。

ノーセレブレーション
【のーせれぶれーしょん】

古巣との一戦でゴールを決めても、ゴールセレブレーションを行わないこと。以前に所属したクラブ、選手、サポーターをリスペクトし、感謝してゴールの喜びを我慢する。選手の人間性が見える感動的な瞬間。どれだけテクノロジーが発達しようとも、どれだけサッカーのプレーが数値化されようとも、機械には理解できない人間らしい瞬間である。

ノールックパス
【のーるっくぱす】

受け手を見ないで出すパスのこと。意外性が重要なので、やりすぎると効果が薄れる場合も。素晴らしいノールックパスでは、相手ディフェンスの足が止まり、一流のノールックパスはスタジアムの時が止まる。

盧 廷潤
【の じゅんゆん】

1993年にサンフレッチェ広島に入団した韓国人初のJリーガー。サンフレッチェ広島の1994年サントリーシリーズ（1st ステージ）優勝に貢献。その後、セレッソ大阪、アビスパ福岡でもプレーした。当時、日本でプレーすることに母国韓国ではバッシングもあったそうだ。これまでにも、そして現在も多くの韓国人プレーヤーがJリーグでプレーしているが、その扉を開けたのは間違いなく盧廷潤である。

ノッキング
【のっきんぐ】

選手同士の意図が合わず、良いタイミングでパスが出てこなかったり、マークが付いているのにパスが出たりと、リズムが悪くチグハグな状態になっていること。

ノリカル
【のりかる】

FC東京、神戸、大宮、仙台そして海外のクラブでもプレーした鈴木規郎の愛称。鈴木規郎の最高の武器といえば強烈な左足のシュート。直接FKの時、ボールをセットし助走を始めるとスタジアムが期待感に包まれた。強烈な左足といえば泣く子も黙るロベルト・カルロス。ゆえに、ついた愛称がノリカル。とにかく凄い左足だった。

PKを除くとわずか8人！
ゴールキーパーの得点者

Jリーグではゴールマウスを守るゴールキーパーが得点を決めた歴史も。
PK以外では8例というレアな記録を紹介する。

松永成立
（京都パープルサンガ）
1999年4月7日

PK以外でJリーグ初の得点を決めたGK。1999年のナビスコカップ第1戦対山形戦。自陣ペナルティエリアからパントキック。ふわりと浮かして得点した。

菅野孝憲
（横浜FC）
2004年7月10日

J2第22節対鳥栖戦。自陣から蹴り込んだフリーキックが、相手のペナルティエリアでワンバウンドしてゴールインした。

高木義成
（東京ヴェルディ1969）
2006年7月12日

J2第27節対仙台戦。自陣ペナルティエリア内から蹴り込んだフリーキックが、大きくワンバウンドしてそのまま相手のゴールネットを揺らした。

村山智彦
（松本山雅）
2013年11月10日

J2第40節対山形戦。自陣ペナルティエリア付近から蹴り込んだフリーキックが相手GK前でワンバウンドしてゴールを割った。

土井康平
（グルージャ盛岡）
2014年6月15日

J3第16節対長野戦。自陣からのフリーキックを相手GKがファンブルしてゴール。このゴールが記念すべきJ3のGKによる初得点となった。

山岸範宏
（モンテディオ山形）
2014年11月30日

J1昇格プレーオフ対磐田戦。後半アディショナルタイムにコーナーキックからの頭で逸らしたボールがゴールに。J1復帰への原動力となった。

佐藤昭大
（ロアッソ熊本）
2017年3月12日

J2第2節山形戦。山形のリードで迎えた後半アディショナルタイムに、上里一将からのコーナーキックを頭で合わせ、勝ち点1をもぎ取った。

六反勇治
（清水エスパルス）
2018年11月24日

J1第33節対神戸戦。後半アディショナルタイム、コーナーキックからのボールにヘディングで合わせて値千金の同点ゴールを決めた。

ハードワーク
【はーどわーく】

ハードワークの代表格といえばサガン鳥栖。ほとんどのサッカー選手はハードワークしているはず。なのに、なぜサガン鳥栖の選手が特にハードワークしているように見えるのか？という私の問いに解説者の川勝良一氏の答えは明瞭かつ簡潔なものだった。「報われるからでしょ」。ハードワークが報われるような戦術、システムであってほしい。

ハーフタイム
【はーふたいむ】

前半の戦いの疲労を回復し、後半の戦いに向けて作戦を修正し、再確認を行う貴重な時間。しかし、スタジアムで観戦する者にとっては、この時間も激闘は続く。トイレやスタグルの長蛇の列は簡単な相手ではない。選手も監督も観客もこの時間の過ごし方は非常に大切。

ハーフタイム
コメント
【はーふたいむこめんと】

ハーフタイムにロッカールームで監督が選手に言ったとされるハーフタイムコメント。怒って言ったのか？ 優しく言ったのか？ 他に言ったことはないだろうか？いや、

そもそも本当にそんなことを言ったのだろうか？ 想像力とともに楽しみたい。

バイタルエリア
【ばいたるえりあ】

バイタルは英語で重大なという意味で、バイタルエリアとは守備側にとっては非常に危険なエリア。攻撃側にとっては、ここに侵入し、崩すこ

とができれば大きなチャンスになる
エリアである。具体的にはペナルテ
ィエリアの幅で、DFラインとMFの
ラインの間にできるスペースと言わ
れることが多い。

生え抜き
【はえぬき】

基本的にはクラブのアカデミーで育
ち、昇格して在籍し続ける選手のこ
とを言うが、高校や大学を卒業して
プロとして最初に加入したクラブに
所属し続ける選手も生え抜き。ずっ
と同じエンブレムの元で戦う選手を
生え抜きと呼ぶ。

朴 智星
【ぱく ちそん】

元韓国代表。2000年から2003年ま
で京都パープルサンガでプレー。松
井大輔や黒部光昭とともに攻撃陣を
牽引し、第82回天皇杯優勝にも大き
く貢献。その後、PSVアイントホー
フェンに移籍し、2005年マンチェ
スター・ユナイテッドに加入。中盤
の様々なポジションで活躍を見せた。

はくばく
【はくばく】

ヴァンフォーレ甲府の胸スポンサー
といえば、ひらがな四文字「はくば
く」。クラブ消滅の危機の時も、はく
ばくの工場が火事で大変な時も、ヴ
ァンフォーレ甲府を支え続ける食品
メーカー。シーズンが終了すると、

毎年山梨日日新聞にヴァンフォーレ
甲府に向けて、気持ちのこもったメ
ッセージ広告を掲載している。

バケモノ
【ばけもの】

恐れをなすほどとてつもなくすごい
選手のことを人に伝えたい時にこの
言葉を使う。この言葉を使うシチュ
エーションでは、バケモノ本人はい
ないことが多い。

パサー
【ぱさー】

パスを出す選手のこと。そして、パ
スの精度が高く、効果的なパスを何
度も出せる選手のことを総称してパ
サーと呼ぶ。パサーと呼ばれる選手
は当然のごとくキックのうまい選手
が多いが、なぜかシュートだけが決
まらない選手もいる。

は

ップ、天皇杯、Jリーグ、ACL優勝に貢献。浦和レッズでは149試合出場12ゴール。2007年から活躍の場をドイツ、ブンデスリーガに移す。どのクラブ、どの監督のもとでも必ず結果を残す。日本代表、114試合出場2ゴール。長年キャプテンを務め、日本代表を牽引した。

パスコース
【ぱすこーす】

探すのも大変で、見つからないこともあるが、日本が誇るフットボーラー小野伸二はパスコースが見えすぎてしまうため、どのパスコースを選択するか悩むことがあるという。

パスミス
【ぱすみす】

パスを失敗すること。技術的なミスや集中力の欠如、ピッチの状態によるものなど原因は様々。受け手の技術の高さにより、パスミスのはずがミスでなくなったり、逆に良いパスのはずが受け手が原因でパスミスに見えたりと、パスミス一つとってもサッカーはおもしろい。

長谷部誠
【はせべまこと】

藤枝東高校から2002年に浦和レッズに加入。浦和レッズのナビスコカ

バックスタンド
【ばっくすたんど】

メインスタンドの反対側。全体を見渡せるし、メインスタンドに比べて料金は安い。観客少なめの日は、かなりスペースに余裕のあるサッカー観戦ができる。日光もよく当たるので、春先の昼間の試合は本当に気持ちが良い。

初蹴り
【はつげり】

学校のサッカー部、クラブのアカデミーのOBや現役が出身校や出身クラブに正月早々集まり、サッカーを楽しみ新年を祝うサッカー経験者の恒例行事。久々の再会と旧知の仲間とのプレーを楽しむ。

ハットトリック
【はっととりっく】

1試合で一人の選手が3ゴールを挙げること。Jリーグ初のハットトリッ

クは1993年開幕節、ジーコ（鹿島）が名古屋戦で達成。1998年には、中山雅史（磐田）が4試合連続ハットトリック。ギネスブックにも載る快挙を達成。2001年、真中靖夫（C大阪）は柏戦で72分、73分、75分と3分間でハットトリックを達成。Jリーグ史上最短記録である。

バトルオブ九州
【ばとるおぶきゅうしゅう】

九州勢同士の戦い「九州ダービー」が一般公募により「バトルオブ九州」と名付けられた。2021年からはテゲバジャーロ宮崎がJ3に参入し、さらに熱いゲームが増える。

バナナシュート
【ばななしゅーと】

バナナの形のような弧を描いて飛んでいく、カーブがかかったシュートのこと。バナナシュートといえば、アデミール・サントス（帰化後、三渡洲アデミール）が東海大一高校時代に全国高校サッカー選手権の決勝で決めたゴールが有名。後に、彼は静岡市内で「バナナシュート」という飲食店を経営していた。

バニシングスプレー
【ばにしんぐすぷれー】

FKの際、ボールの位置や壁の位置を記すために使用される白い泡が出るスプレーのこと。泡が噴霧されて描かれたラインは数分後には消える。

馬入
【ばにゅう】

相模川の河川敷にある湘南ベルマーレの練習場、馬入ふれあい公園サッカー場のこと。土手から練習を見学できるのどかな練習場だが、台風などの影響で相模川が氾濫すると様相は一変。練習場のピッチはたちまち水没。そんな時、湘南ベルマーレのサポーターは立ち上がり、復旧作業を行う。湘南ベルマーレを愛する人たちの気持ちがこもった練習場である。

パブリックビューイング
【ぱぶりっくびゅーいんぐ】

試合会場とは別のところで、大画面に映し出された試合をリアルタイムで観戦すること。多くの人と時間や熱を共有し、喜びや悲しみを分かち合う。ワールドカップになると、各地でパブリックビューイングが開催され、大いに盛り上がる。

©Y.S.C.C.

ハマピィ
【はまぴぃ】

2020年、Y.S.C.C.横浜に誕生した公式マスコット。本牧在住。オカピの父、ペガサスの母のもとに生まれた。生まれた時からなぜか背中にかもめの羽を持ち、人間だけでなく動物や魚、植物まですべての生物とコミュニケーションが取れる。YS横浜でサッカー選手になるのが夢だ。

ハムストリング
【はむすとりんぐ】

太もも裏にある筋肉の総称で、大腿二頭筋と半膜様筋、半腱様筋から成

り立っている。全身の中でもトップクラスの大きな筋肉。ちなみに、ハムストリングスは複数形。

早野宏史
【はやのひろし】

NHKのサッカー解説でお馴染み。解説中、抜け目なくダジャレをはさみ込むダジャレファンタジスタ。言葉を巧みに操るNHKのアナウンサーを窮地に陥れる。オフ企画として、手倉森誠氏とのダジャレ対談を提案したい。

ハリルホジッチ
【はりるほじっち】

ヴァイッド・ハリルホジッチ。2015年3月12日、日本代表監督に就任。ロシアW杯アジア最終予選を突破するものの、2018年4月7日付で契約を解除された。現在、モロッコ代表チームの監督を務める。

えっ今クビ

春畑道哉
【はるはたみちや】

Jリーグのオフィシャルテーマソング『J'S THEME』を作曲、編曲したTUBEのギタリスト。1993年5月15日、国立競技場のピッチで試合前に演奏された。徐々に力強さが増していく感動的な旋律はいつ聞いても胸が震える。

パワープレー
【ぱわーぷれー】

前線の枚数を増やし、その前線にロングボールを放り込む戦法。選手交代でフォワードや背の高い選手を投入し、前線に配置することもあれば、背の高いディフェンダーが前線にポジションを移すこともある。

半月板損傷
【はんげつばんそんしょう】

半月板は膝関節内の大腿骨と脛骨の間にある繊維軟骨。膝にかかる衝撃を吸収し、負荷を分散するはたらきがある。ここに体重がかかった状態で強い衝撃を感じたり、膝を捻ったりすることによって亀裂が生じたり、欠けたりした状態を損傷と呼ぶ。損傷すると痛みを感じるほか、状態によっては水がたまったり、激痛で歩けなくなる。

パンチング
【ぱんちんぐ】

ゴールキーパーがボールをキャッチするのでなく、拳を使ってパンチするように弾くこと。プロのゴールキーパーはなんなくパンチングするが、簡単なプレーではない。特に片手のパンチングは両手に比べてボールに当たる拳の面積が狭くなるので難しい。技術やタイミング、飛距離などもっとパンチングにも注目したい。

バンディエラ
【ばんでぃえら】

イタリア語で旗頭を意味する言葉。ひとつのクラブに長く在籍し、クラブの象徴、クラブの顔とも言える存在。2020年シーズンで引退した川崎フロンターレの中村憲剛はまさにバンディエラ。クラブとともに成長し、J1優勝にまで辿り着いた。

B (僕)
K (川崎の)
B (バンディエラ)

ピ カ … とスリー

パントキック
【ぱんときっく】

パントキックといえば、やはり浦和レッズの西川周作の名前が一番に思い浮かぶ。美しいフォーム。糸を引くような綺麗な弾道。味方の胸にピタリとおさまるコントロール。成功率の高さ。どれをとっても一級品だ。

ヒートマップ
【ひーとまっぷ】

試合の中で、選手がどの位置にどれくらいの時間滞在したかがわかるように可視化されたもの。時間の長さは色の濃淡で表され、長く滞在したエリアは濃い色で表現される。

ヒールキック
【ひーるきっく】

かかとの部分でボールを蹴ること。確実性は高くはないが、意外性があるので相手の意表を突くことも。おじさん草サッカーでは肉離れの原因にもなる。

ピカッとスリー
【ぴかっとすりー】

かつて、ヴィッセル神戸のスキンヘッドのディフェンダー、シジクレイ、土屋征夫、北本久仁衛が形成したディフェンスラインのことを、当時の日本代表監督フィリップ・トルシエが採用したフラットスリーという響きを拝借して名付けられた。かわいくて楽しげなネーミングだが、見た目は怖い。

非公開
【ひこうかい】

システムやスタメン、セットプレーなどが試合前に外部に漏れないようにするため、練習を公開しないこと。最初の15分だけ公開、急遽非公開など非公開のさじ加減も様々。しかし、密室で練習するわけでもないので、情報漏洩も少なくない。

ビスマルク
【びすまるく】

ビスマルク・バレット・ファリア。ヴェルディ川崎、鹿島アントラーズ、ヴィッセル神戸でプレーしたブラジル人プレーヤー。ヴェルディでも鹿島でもチームの中心として、タイトル獲得に貢献。ゴール後のお祈りポーズは当時のサッカー少年の間でも流行。本田泰人とのマッチアップは非常にエキサイティングだった。

飛騨牛串焼き
【ひだぎゅうくしやき】

FC岐阜のホーム、岐阜メモリアルセンター長良川競技場の屋台村と呼ばれるスタジアムグルメはかなり人気が高い。そこで食べられるのが飛騨牛串焼き。サッカー観戦に行って、飛騨牛が食べられるなんて言うことなし。ビールとの相性も最高の一品。

ピッチインスペクション
【ぴっちいんすぺくしょん】

選手がウォーミングアップでピッチに登場するよりも前、キックオフ90分前にスーツやポロシャツの人たちがピッチを歩いている姿を見かけるが、あれがピッチインスペクションと呼ばれるもの。審判団やマッチコミッショナーがピッチやライン、そしてゴールネットなどの競技用具の確認を行う。

ピッチリポーター
【ぴっちりぽーたー】

ピッチレベルに立ち、ピッチやベンチで起こっていることや選手の横顔を伝える役割を担うリポーターのこと。女性が多い。日々練習場に通い情報収集。雨の日は髪の毛びしょびしょで化粧は落ちる。敗戦後の機嫌の悪い監督にインタビューをしなければならない。話術やリポート力に加え、根性も忍耐力も必要な仕事である。

日々野真理
【ひびのまり】

フリーアナウンサー。ピッチリポーターの第一人者。サッカーファンだけでなく、選手や監督、クラブ関係者からの信頼も厚い。女子サッカーへの造詣も深く、女子サッカーそしてなでしこジャパンの魅力も伝え続けている。

ビブス
【びぶす】

練習の組み分けの時などに着用するベスト状の衣服。Jリーグの試合会場では放送関係者やカメラマンなども着用。色の違いによって役割が識別できるようになっている。

百年構想
【ひゃくねんこうそう】

正確には「Jリーグ百年構想　〜スポーツで、もっと、幸せな国へ。〜」。Jリーグの理念を具現化するために掲げられたスローガン。サッカーを通してあらゆるスポーツを老若男女が楽しめる豊かな国を、豊かなスポーツ文化の醸成をJリーグは目指している。

平山世代
【ひらやませだい】

高校サッカーでの活躍から当時"怪物"と呼ばれた平山相太と同年代の1985〜1986年に生まれた選手たちの総称。主な選手は豊田陽平、カレン・ロバート、増嶋竜也、水本裕貴、兵藤慎剛、中村北斗など。2005年、『FIFAワールドユース選手権』ベスト16。

ビルドアップ
【びるどあっぷ】

攻撃を組み立てること。ゴールキーパーやディフェンスからボールを動かしながら、中盤や前線までボールを運んでいく。ビルドアップが安定しないと、攻撃に移れないばかりか、相手にボールを奪われてピンチを招くことになる。

HIROSHIMA スタジアムパーク PROJECT
【ひろしますたじあむぱーくぷろじぇくと】

広島市の中心部、広島市中央公園にサンフレッチェ広島の新しいサッカースタジアムと、広大な芝生広場を中心とした「スタジアムパーク」の実現を目指すプロジェクト。1年中にぎわいのあるサッカースタジアムとするため、広場とスタジアムの複合化や多目的化、多機能化を計画。2024年の開業を目指している。

ピンポイントクロス
【ぴんぽいんとくろす】

クロスとは受け手に正確に合わせるもの。そんなことを外国人記者に聞いたスポーツライターの金子達仁氏は、日本のサッカーにもその考えを広めたいと考えた。ちょうどその頃、テレビでは湾岸戦争のニュースが多く伝えられ、その中にはピンポイント爆撃という言葉が使われていた。

そこからヒントを得た金子氏は、正確なクロスをピンポイントクロスと名付けた。正確なクロスを伝える時に、この言葉は現在も多く使われている。

ふ

ファー
【ふぁー】

ファーサイド、遠い方のサイドのこと。どこから遠い方かというと、基準はボールを持っている選手から。ファーサイドにはフリーな選手が佇んでいることもある。

ファジーなポジション
【ふぁじーなぼじしょん】

「ファジー」とは1990年新語流行語大賞の新語部門金賞を受賞した言葉。あいまいな、ぼやけたの意。ファジーなポジションとなると、相手ディフェンスにとって、マークしづらいポジショニングをする良い選手と肯定的に使われる。一般世間では死語だが、サッカー界ではファジーな感じでかろうじて生き残っている。

ファジフーズ
【ふぁじふーず】

ファジアーノ岡山のホームスタジアム、シティライトスタジアムで楽しめるJリーグでもトップクラスのスタジアムグルメ。スタグル定番メニューはもちろん、デミカツ丼やひるぜん焼きそば、津山ホルモンうどん

など岡山のご当地グルメも堪能できる。コロナ禍の無観客試合時は「おうちでファジフーズ（デリバリー＆ドライブスルー）」も実施した。

ファルカン
【ふぁるかん】

パウロ・ロベルト・ファルカン。現役時代はブラジル代表でジーコ、ソクラテス、トニーニョ・セレーゾとともに黄金のカルテットを形成。インテリジェンス溢れるプレーを披露した。1994年、日本代表監督に就任。前園真聖や岩本輝雄など新しいメンバーを加えたが、ファルカン政権はわずか7ヶ月で終焉を迎えた。

ファン感
【ふぁんかん】

いつも応援してくれるファン・サポーターに向けて選手や監督、スタッフが感謝の意を表すために催されるイベント。サッカー教室やゲーム大会のようなものから、選手が披露するダンスや歌などのパフォーマンスまで、様々な趣向を凝らす。選手の弾けっぷりを楽しみにしている人も多い。

ファンタジスタ
【ふぁんたじすた】

fantasia を語源とするイタリア語。高いテクニックを持ち、パスやドリブル、シュートなど創造性に富んだプレーで観客を魅了する選手のこと。サッカーの進化とともに、ファンタジスタが活躍できるスペースも時間も限られてはいるが、観客に夢を与えるファンタジスタをもっと見たい。

ファンブル
【ふぁんぶる】

ゴールキーパーがボールをキャッチしそこなってこぼすこと。サッカーでは、ゴールキーパーだけに使われる用語。しかし、スローイン時、ボールパーソンからボールを受け取る時に、密かにファンブルしているフィールドプレーヤーもいる。

フィード
【ふぃーど】

供給すること、与えることの意。サッカーではパスを供給することをいう。最近では、フィールドプレーヤーだけでなく、ゴールキーパーにもフィードの質が求められる。

VAR
【ぶいえーあーる】

Video Assistant Referee の略称。別の場所で映像を見ながらフィールドの審判員をサポートする審判員のこと。①得点か、得点ではないか？ ②PKか、PKではないか？ ③退場か、退場ではないか？ ④警告退場の人間違いの4つの事象を、主

「オンフィールドレビュー」で確認　ムムム　どっちだ？

審が確認できなかった重大な
事象のみ介入することになっ
ている。

フィジカル
【ふぃじかる】

肉体的、身体的という意味の
言葉だが、サッカーではパワ
ーがあるとか当たりに強いと
か体力があることに対しフィ
ジカルが強いなどと使われる。
フィジカルモンスターとなる
と並外れたフィジカルの持ち
主ということになる。

フィジコ
【ふぃじこ】

フィジカルコーチの略。長いシーズ
ンの中で、良いパフォーマンスを維
持するためには、コンディショニン
グは欠かせない。選手のフィジカル
コンディションをサポートするのが
フィジコの役目。非常に重要な役割
である。

フェイスガード
【ふぇいすがーど】

フェイスガードといえば、2002年
の日韓ワールドカップで、大会前に
鼻骨を骨折した宮本恒靖が着用して
いたものが印象的。その見た目から
「バットマン」とも呼ばれた。川俣
GKコーチに黒の方が強そうだと言
われベージュだったマスクを黒に塗
ったそうだ。

フェイスペイント
【ふぇいすぺいんと】

頬にエンブレムや国旗をかわいく描
くのも良し。顔全体にペインティン
グして思いっきりアピールするも良
し。お祭り気分を高めてくれる。J
リーグの会場で、フェイスペイント
のブースがあったりもする。ちなみ
に、日本サッカー協会がJFAなら、
日本フェイスペイント協会もJFAだ。

フェーズ
【ふぇーず】

元々は英単語で「段階、局面、次期」
を指す言葉。チーム作りや選手の成
長が新たな段階に突入しそうなタイ
ミングで、「そろそろ次のフェーズに
入ってきたな」のように使用すると
カッコいい。

フェルナンド・トーレス
【ふぇるなんど・とーれす】

愛称、エル・ニーニョ（神の子）。アトレチコ・マドリーのアカデミー出身。アトレチコ・マドリー、リバプール、チェルシー、ミランとヨーロッパのビッグクラブでプレーし、W杯、ユーロともに優勝経験のある元スペイン代表FW。2018年から2019年までサガン鳥栖でプレー。とにかく華のある選手だった。

フォアチェック
【ふぉあちぇっく】

前線から積極的に相手にプレッシャーをかけること。そこで奪えれば最高だが、奪えなくてもパスコースを限定することで、味方が守りやすい状況を作り出す。前線の選手が献身的にフォアチェックしてくれると、ディフェンダーは非常に助かる。

フォーメーション
【ふぉーめーしょん】

基本陣形。4−4−2、4−3−3、3−4−2−1のように表記するのが一般的。ACミランが採用した4−3−2−1をその形からクリスマスツリーと呼ぶのは、なんだかオシャレだ。

フォルラン
【ふぉるらん】

ディエゴ・フォルラン。元ウルグアイ代表FW。南アフリカW杯の得点王そしてゴールデンボール（最優秀選手）。2014年、セレッソ大阪に加入。「こんばんは。日本の皆さま、はじめまして。ディエゴ・フォルランです。セレッソ大阪で頑張りますので、どうぞよろしくお願いします」加入会見は挨拶後もずっと日本語。最後は「どうもありがとうございました。おおきに」と締めくくった。

フォワード
【ふぉわーど】

FW。相手ゴールに一番近いところでプレーするため、得点もしくは得点に絡むプレーが要求される。組織的なプレーも必要ではあるが、時にはゴールを奪うために、エゴイストになることも必要。中盤やディフェンスの選手でも元FWは多い。

福島ユナイテッドFC 農業部
【ふくしまゆないてっどえふしーのうぎょうぶ】

福島ユナイテッドFCの選手やスタッフと福島県内の農家の方がタッグを組み、米や桃、アスパラガスなどを栽培、収穫、販売を行う。オンラインショップでも購入できる。

副審
【ふくしん】

アシスタントレフェリー。メインスタンド側で、テクニカルエリアにいる監督から話しかけられたり、プレッシャーをかけられたりしているのがA1。バックスタンド側で旗を振っているのがA2。ラインズマンとは言わなくなりました。

FUJI XEROX SUPER CUP
【ふじ・ぜろっくす・すーぱー・かっぷ】

前年のJ1優勝クラブと天皇杯覇者が対戦するカップ戦。リーグ開幕1週間前に開催される。当日は前座試合のNEXT GENERATION MATCHやJリーグマスコット総選挙の結果発表もあり、サッカーシーズン到来を告げる風物詩的存在でもある。

二桁ゴール
【ふたけたごーる】

二桁ゴールとは10ゴールのこと。攻撃的な選手のシーズンの個人的目標にもなる二桁。一桁の9ゴールと二桁の10ゴールの差はわずか1ゴールだが、攻撃的な選手にとって、この差は大きいようだ。そんな二桁ゴールをJ1において9年連続で達成したのが興梠慎三。Jリーグ史上初の快挙であり、偉業である。

フッキ
【ふっき】

本名、ジヴァニウド・ヴィエイラ・ジ・ソウザ。フッキとは、少年時代に愛読していたアメリカンコミックの主人公「超人ハルク」からつけられたあだ名であることは有名な話。強靭な肉体と左足のパワーは見る者の度肝を抜いた。川崎、札幌、ヴェルディでプレー後ポルトに移籍。ブラジル代表まで上り詰めた。

プッシング
【ぷっしんぐ】

相手選手を押すこと。手だけでなく、足や体を使って押してもプッシングと見なされ、反則を受けた側に直接フリーキックが与えられる。

Foot!
【ふっと！】

2000年からJ SPORTSで放送されている長寿サッカー番組。倉敷保雄さんをMCに、幸谷秀巳さんや粕谷秀樹さん、亘崇詞さん、藤原清美さんなど海外サッカーの豊富すぎる知識を有するゲストとのフリートークが好評を博す。サッカーは世の中のあらゆることに繋がっていくことを教えてくれたような番組でもある。

FOOT×BRAIN
【ふっとぶれいん】

2011年からテレビ東京系列で放送されているサッカー番組。勝村政信さんをMCに、サッカー界に限らず様々な分野からゲストを招き、日本のサッカーが強くなるヒントを探る番組。サッカーの楽しさ、そして多くの可能性に気づかされる。

ブッフバルト
【ぶっふばると】

ギド・ブッフバルト。1990年、イタリアW杯で西ドイツ優勝に大きく貢献したディフェンダー。1994年、浦和レッズに加入。ワールドクラスのディフェンダーの格の違いを見せた。2004年からは浦和レッズの監督に就任。J1優勝、天皇杯連覇をレッズにもたらした。1997年、退団セレモニーでは白馬に乗って浦和駒場スタジアムを一周。インパクトありすぎでした。

ブブゼラ
【ぶぶぜら】

南アフリカの民族楽器。2010FIFAワールドカップのスタジアムで鳴り響いていた。かなり大きな音が出る

ので、南アフリカの大地で吹くには問題ないが、日本の住宅環境には不向き。南アフリカみやげとして、日本にやって来たブブゼラは数回吹かれた後、クローゼットの奥の方に消えていった。

フライデーナイトJリーグ
【ふらいでーないとじぇいりーぐ】

通称「金J」。Jリーグが新規顧客の獲得を目指し提案するスポーツ観戦を交えた新たな金曜の過ごし方。通常の土日開催ではスタジアムに行けない人たちにもJリーグを楽しんでもらおうと金曜日に試合を開催。各クラブもプロモーションやイベントに趣向を凝らし、新たなJリーグファンを生み出すきっかけになっている。

ブラジル体操
【ぶらじるたいそう】

動的ストレッチの一種で、怪我の予防やパフォーマンス向上の効果もあり、ウォーミングアップには最適と言われる。歩きながら、リズミカルに行う体操で、子供たちが整列してブラジル体操を行う光景は見ていて微笑ましい。

プラチナ世代
【ぷらちなせだい】

1992年に生まれた選手たちの総称。主な選手は柴崎岳、宇佐美貴史、宮市亮、昌子源、杉本健勇など。2005

年、U-13日本代表として出場した『第1回世界幼少年サッカー大会』で優勝し、それまでの最高成績を収めている黄金世代を超えてほしいとの思いから、金より価値があるとも言われるプラチナを用いて呼ばれるようになった。2009年、『FIFA U-17ワールドカップ』ではグループリーグ敗退。2010年に開催された『AFC U-19選手権 中国大会』で敗退したため、翌年の『FIFAワールドユース選手権』には出場できなかった。世代の狭間となってしまった2012年の『ロンドンオリンピック』には宇佐美と杉本が出場。現在は、海外で活躍する選手も多い。

フラットスリー
【ふらっとすりー】

フィリップ・トルシエ元日本代表監督が採用した守備戦術。最終ラインの3人のディフェンダーがフラットに並ぶ。主に、森岡隆三、宮本恒靖、中田浩二、松田直樹がフラットスリーを構成した。

フランサ
【ふらんさ】

本名、フランソアウド・セナ・デ・ソウザ。柏レイソル、横浜FCでプレー。ピッチに魔法をかけるまさに魔法使い。意外性があり、芸術的なパスを何度も披露。サッカーの楽しさ、美しさがプレーに詰まっていた。

フランスW杯
【ふらんすわーるどかっぷ】

日本代表が初めて出場したワールドカップ。グループHに入った日本はアルゼンチン、クロアチア、ジャマイカと対戦。結果は3戦全敗に終わった。初戦、日本代表の選手とアルゼンチンの選手が整列した瞬間、涙が溢れてきた。ワールドカップなんて遠い夢の世界の話で、そのピッチに日本代表の選手が立っているなんて信じられなかった。

フリー
【ふりー】

相手のマークがついていない状況のこと。フリーの最上級はどフリー。

フリオ・サリナス
【ふりお・さりなす】

アトレチコ・マドリーやバルセロナでも活躍した元スペイン代表FW。1997年、横浜マリノスに加入。7試合連続ゴールでシーズンを終え、翌1998年の第1節でもゴールを決めたことで8試合連続ゴール。これが、

いまだに破られていないJ1連続得点記録である。2020年のオルンガなど7試合連続ゴールを達成した選手は何人かいるが、8試合連続ゴールはフリオ・サリナスだけである。

フリック
【ふりっく】

自分に向かってきたボールを軽く触ってコースを変えるプレー。急にボールの行き先が変わるので、相手ディフェンスは意表を突かれる。頭ですらすようなプレー、フリックヘッドはコーナーキックなどで有効。突然の変化に守備側の対応は困難なものになる。

フル出場
【ふるしゅつじょう】

試合開始から試合終了まで出場し続けること。これを連続するとなると、大きな怪我をせず、カードをあまりもらうこともなく、コンディション調整を怠ってはならない。J1の連続試合フルタイム出場記録1位は曽ケ端準の244試合。2位は西川周作の225試合。3位は中澤佑二の178試

合。この記録はフィールドプレーヤートップ。プロの鑑であることを示す記録。

プレーオフ
【ぷれーおふ】

J1参入プレーオフ。大会方式はシーズンによって変わることもあるが、基本的には自動昇格できなかったJ2の3位から6位のチームがJ1昇格の残りの枠を目指して戦うトーナメント。リーグ戦でのプレーオフ圏内を目指す戦いはエキサイティングになり、プレーオフの残酷なまでの人生をかけたドラマは、見る者の胸を揺さぶる。

プレスバック
【ぷれすばっく】

ボールを持った相手選手に対し、自陣へ戻りながらプレッシャーをかけること。2人、3人で挟み込んでボールを奪い取る。守備を助けるFWやMFの献身的なプレーである。

フローラン・ダバディ
【ふろーらん・だばでぃ】

1974年、パリ生まれ。1998年、映画雑誌『PREMIERE』日本版のエディターとして来日。1999年から2002年まで日本代表フィリップ・トルシエ監督の通訳兼アシスタントを務める。現在はスポーツジャーナリストやスポーツキャスターなど多方面に活躍の場を広げる。

プロビンチャ
【ぷろびんちゃ】

予算や施設の規模が小さな地方のサッカークラブを指すイタリア語。プロビンチャーレとも。予算規模の大きな大都市のクラブに勝つのは簡単なことではないが、プロビンチャゆえのクラブ経営や戦い方もサッカーのおもしろさのひとつ。かつてヴァンフォーレ甲府を率いていた城福浩監督は、プロビンチャとしての戦いをヴァンフォーレ甲府に植えつけJ1残留へと導いた。冬になると選手を引き抜かれ補強が思うように進まなくとも何とか活路を見出していく。

プロフェッショナルレフェリー

【ぷろふぇっしょなるれふぇりー】

略称PR。トップレベルの審判員が審判活動に専念できるようにJFAが導入している制度。2020年は今村義朗（主審）、福島孝一郎（主審）、西橋勲（副審）、野村修（副審）の4名が新たにプロフェッショナルレフェリーとなった。

フロンパーク

【ふろんぱーく】

川崎フロンターレのホーム、等々力陸上競技場の場外のイベント会場。スタジアムグルメはバラエティーに富んでいて、おいしいものが多く、アトラクション満載で楽しい。サッカーのある一日を大人も子供も思いっきり満喫できる。

ふわふわ

【ふわふわ】

スタジアムの外では、チームのマスコットのエアー遊具、いわゆる「ふわふわ」が楽しい雰囲気を醸し出し、子供達にも大人気。横浜F・マリノスのマリノスケのふわふわは仰向けに寝そべったマリノスケのおなかの上で遊ぶような形になっているし、栃木SCのトッキーのふわふわは顔だけという斬新なものになっている。

へ

ベガルタチアリーダーズ

【べがるたちありーだーず】

2003年から活動し、ユアテックスタジアム仙台のピッチに華やかな彩りを加えているのがベガルタチアリーダーズ。ポンポンを使ったポン文字も美しい。ベガルタ仙台の応援を中心に、イベントへも多く参加。地

域を盛り上げる役割も担っている。
メンバーのYuuさんとMaiさんは双子。

ベストイレブン
【べすといれぶん】

毎年、Jリーグアウォーズで発表、表彰されるベストイレブン。監督、選手の投票結果から優秀選手が選ばれ、そこから11人に絞り込まれる。最多受賞は遠藤保仁。受賞回数は12回。2003年から2012年まで10年連続受賞。高いレベルのプレーを長年続けてきた証しである。

ベストヤング
プレーヤー賞
【べすとやんぐぷれーやーしょう】

Jリーグアウォーズで発表される、ベストヤングプレーヤー賞。いわゆる新人王。1993年、最初に受賞した澤登正朗をはじめ、多くの日本を代表するプレーヤーがこの賞に選ばれている。最年少受賞は2004年の森本貴幸。年齢はなんと16歳だった。

ベッカム
【べっかむ】

デビド・ベッカム。元イングランド代表。右足のキックの精度が高く、クロスから何度もチャンスを作った。プレーだけでなく、ルックスの良さも注目を集め、日韓W杯で来日した時はまさにベッカムフィーバー。そ

こかしこにベッカム・ヘアーと呼ばれるソフトモヒカンの若者を見かけた。

ヘディンガー
【へでぃんがー】

ドリブルが得意な選手をドリブラーと呼ぶように、ヘディングの名手をヘディンガーと呼ぶ。高い、強いだけでなく、ヘディングしたボールが飛ぶのも特徴。ヘディングした時の打音が半端ない選手をヘディンガーと呼びたい。

ヘディング
【へでぃんぐ】

サー・ボビー・チャールトンが認知症を患ったことが公表されたこともあり、サッカー選手が引退後に認知症を患う確率が高いとして、ヘディング練習を禁止すべきという議論がイングランドで起こっている。近い将来、ヘディングに関する新たなルールがサッカーのルールに付け加えられるかもしれない。

ヘディングシュート
【へでぃんぐしゅーと】

ヘディングシュートはゴール前に迫力あるシーンを生み出すサッカーの醍醐味の一つ。J1通算ヘディング得点ランキング1位は前田遼一で46点。2位は中山雅史で44点。3位は田中マルクス闘莉王で41点。アジアの大砲、高木琢也は31点で8位。通算ゴール数が64点なので、ほぼ半分がヘディングからのゴールだ。

ペナルティアーク
【ぺなるてぃあーく】

ペナルティマークを中心にした半径9.15m（10ヤード）の円で、ペナルティエリアの外側に描かれる円弧（アーク）のこと。その形状から「かまぼこ」と呼ぶ人も。競技規則には、PKの時、キッカーとゴールキーパー以外の競技者はペナルティエリアに入ってはいけない。そして、ペナルティマークから少なくとも9.15m以上離れるとある。つまり、ペナルティアークはPKの時、キッカー以外の選手が入ってはいけないエリアを示すライン。PKのためだけのライン。PKのためだけのかまぼこである。

ペナルティエリア
【ぺなるてぃえりあ】

ゴール前にある2つの長方形の面積が大きい方。範囲は16.5m×40.32m。ゴールキーパーがボールを手で扱っても許される範囲。ペナルティエリアのことをボックスと呼ぶこともある。

ペナルティキック
【ぺなるてぃきっく】

略称PK。J1リーグで、PKの得点が1番多いのは遠藤保仁で31点。2位は大久保嘉人の27点。3位は26点で福田正博。阿部勇樹は20点で中山雅史と並んで4位だが、驚くべきは阿部勇樹の成功率。20本蹴って、20本成功。つまりJ1でのPK成功率100%である。

ベベット
【べべっと】

本名、ジョゼ・ロベルト・ガマ・デ・オリベイラ。元ブラジル代表FW。

1994年のアメリカW杯ではロマーリオと2トップを組み優勝に貢献。現在至るところで披露されているゆりかごダンスは、この時ベベットが披露したのが起源。2000年、鹿島に加入したものの精彩を欠いた。「ベベット代えろよ！」。センターバックの秋田豊はベンチに大きな声で訴えていた。

ペレイラ
【ぺれいら】

ルイス・カルロス・ペレイラ。Jリーグが開幕した頃、スター軍団のヴェルディ川崎を支えたセンターバック。1994年、ディフェンダーながらJリーグのMVPに選ばれたことが、彼が不可欠な選手であったことの証し。体を張った守備だけでなくクレバーさも合わせ持つ選手。FKや時折見せる攻撃参加も魅力的だった。

ホイッスル
【ほいっする】

レフェリングにホイッスルは不可欠。笛の音の一つひとつにも表情がある。大観衆の中でも、雨が降っていても、息が切れた状態で吹いても、スタジアム中にクリアに聞こえるようなプロ仕様のホイッスルはレフェリー必須アイテム。現在は廃業してしまったが、野田鶴声社のホイッスルは海外でも評価が高く、W杯公式ホイッスルにも採用された。

ホープ軒
【ほーぷけん】

昭和35年創業の国立競技場のそばにあるラーメン屋。冬場、試合観戦で冷えた身体を温めてくれて、家に帰る気力を与えてくれる。国立競技場が生まれ変わる過程もホープ軒は見守り続けた。

ホーム・アンド・アウェイ
【ほーむ・あんど・あうぇい】

2チームがそれぞれのホームタウンで一度ずつ対戦すること。1年に一度だけ訪れる土地を楽しみにし、1年に一度だけ訪ねてくる人たちとの再会を心待ちにする。日本語訳は「一期一会」にしたい。

ホームグロウン制度
【ほーむぐろうんせいど】

自クラブの育成組織で育った選手を、規定の人数以上トップチームに登録することを義務付ける制度。2019年からJ1では導入されていて、現状では2人以上が義務。2022年からは4人に増える。一方、J2、J3では2022年導入予定。

ホーム最終戦
【ほーむさいしゅうせん】

ホームで開催するシーズン最後の試合のこと。いろいろな人たちの感情が渦巻き、独特の空気感がある。社長、監督、キャプテンの挨拶。引退選手のセレモニー。そして、場内一周。寂しさ、悲しさ、怒り、喜び。それぞれの感情が居場所を求めてスタジアムの中をさまよう。

ホーリークラップ
【ほーりーくらっぷ】

チャントが歌えないコロナ禍のJリーグで、水戸のサポーターは太鼓のリズムに合わせてクラップを始めた。これを勝手にホーリークラップと名付けた。勝利後、サポーターと同じように両手を広げて、頭上で手を叩きながら、サポータースタンドに向かって選手が歩いて行くシーンは感動的だ。

ボールウォッチャー
【ぼーるうぉっちゃー】

ボールばかりを見てしまい、自分がマークすべき選手を見失っている選手のこと。「ボールに集中しろ」と言われたり「ボールウォッチャーになるな」と言われたり。なかなかサッカーは難しい。

ボールキープ
【ぼーるきーぷ】

相手とボールの間の自分の体をうまく使い、ボールを相手の足から遠い位置に置き、相手にボールを触らせないようにする技術。奪われなければ、相手は攻撃できない。奪おうと相手の守備者が集まってくれば、スペースが生まれる。ボールキープで時間を作ることができれば、味方は良いポジションを取ることができる。派手さはないが、非常に大切なプレーだ。

ホールディング
【ほーるでぃんぐ】

相手の体やユニフォームを掴んだり、押さえたりすること。もちろん反則。反則を受けた側のチームに直接FK、ペナルティエリア内ならPKが与え

られる。相手のユニフォームを掴んでいるディフェンダーが、ペナルティエリアに入りそうなところで、「今、私はユニフォームから手を離しました」とアピールするのはPKを意識してのこと。

ボールは疲れない
【ぼーるはつかれない】

「ボールを動かせ、ボールは疲れない」。数多くのサッカー名言を残すヨハン・クライフの名言の一つ。ヨハン・クライフの言葉は時代に関係なく、普遍的だ。

ボールパーソン
【ぼーるぱーそん】

試合の進行を円滑に進めるために、ボールがラインを割ると素早く選手にボールを渡す役割をする少年少女たちのこと。ボールパーソンを経験したプロ選手は日本にも海外にも多い。夢の舞台を間近で見ることがで

きる貴重な機会でもある。イングランドでは、ホームチームを勝たせたいがために、ゆっくりボールを渡していたボールパーソンにレッドカードが提示され、退場させられた。

ポストプレー
【ぽすとぷれー】

前線で攻撃の起点を作るプレーのこと。体の使い方のうまさ、懐の深さ、相手ディフェンスとの間合い。大迫勇也のポストプレーはあらゆる面で半端ない。

ボックス・トゥ・ボックス
【ぼっくすとぅぼっくす】

ボックスとはペナルティエリアのこと。ボックス・トゥ・ボックスとは自陣のペナルティエリアから敵陣のペナルティエリアまで、攻守に幅広くプレーする中盤の選手のこと。

ほっとけないTシャツ
【ほっとけないてぃーしゃつ】

群馬県出身で2007年から2012年までザスパ草津でプレーしていた松下裕樹。2013年から横浜FCでプレーしていたが、2015年ザスパクサツ群馬に復帰することになった。ザスパに戻った理由を聞かれ、「(ザスパを)ほっとけなかった」と答えた松下。ザスパに関わるすべての人が感動し、ほっとけないTシャツが生まれた。

炎のカリーパン
【ほのおのかりーぱん】

モンテディオ山形のスタジアムグルメの名物カレーパン。対戦相手のご当地の名物をカレーパンの中に入れることで有名。FC琉球ならスパムやラフテー。神戸なら神戸牛。福岡なら明太子。さらには、東京の人形焼や京都の八つ橋、草津の温泉饅頭と攻めの姿勢も忘れない。ただ、どれも美味しくまとまるのが素晴らしい。

ホバークラフト
【ほばーくらふと】

高圧の空気で水面から浮上して高速航行する船。地上での走行も可能。大分での試合観戦時、大分空港から大分市内を繋ぐホバークラフトがいつもお出迎えをしてくれた。2009年に廃止されたが、復活への動きがあるようだ。

ホペイロ
【ほぺいろ】

ポルトガル語で用具係のこと。選手のユニフォームやスパイクはもちろん、試合で飲むドリンクや練習で使用する用具などありとあらゆるものを維持管理。仕事は多岐にわたり、多忙を極める。日本人プロホペイロ第一号はヴェルディ、名古屋そして現在京都でホペイロを務める松浦紀典さん。

ボランチ
【ぼらんち】

ポルトガル語で「舵取り」「ハンドル」を意味する言葉。ゲームをコントロールする役割を担い、中盤の中央に位置する選手のことをボランチと呼んでいる。ポジション名はいろいろ難しい。同じようなポジションでも、時代が変われば呼び名も変わる。20年、30年後には誰もボランチなんて言葉を使っていない可能性もある。「おじさん、ボランチってなんですか？」って言われるかもね。

ボレーキック
【ぼれーきっく】

浮いているボールを蹴ること。印象的なボレーシュートといえば、2011年のAFCアジアカップ決勝、対オーストラリア戦の延長後半。長友佑都の左サイドからのクロスをゴールし

た李忠成の左足ボレー。何度
見てもフォームが美しい。

ポンチョ
【ぽんちょ】

雨天時の観戦には必需品のポ
ンチョ。各クラブはチームカ
ラーのビニールのポンチョを
販売している。2020年、ギラ
ヴァンツ北九州のホーム最終
戦では先着5000名にポンチョ
がプレゼントされた。しかし、
このポンチョは雨天用のビニ
ール製のもの、つまり雨具で
はなく、防寒用のオリジナル
フリースポンチョで、これが
かなりカッコよかった。

ポンテ
【ぽんて】

ロブソン・ポンテ。愛称ロビー。
2005年から2010年まで浦和レッ
ズでプレー。浦和レッズのJリーグ
優勝、ACL制覇に貢献。2007年に
はJリーグMVPにも選ばれた。す
べての技術が高い万能型選手。退団
セレモニーで埼玉スタジアム2002
全体を包み込んだコレオこそが、彼
が如何に愛されていたかを示す証し
である。

ボンバーヘッド
【ぼんばーへっど】

元日本代表ディフェンダー中澤佑二
の愛称。若い頃の髪型がアフロヘア

ーだったことから、この愛称になっ
た。次第にボンバーと呼ばれるよう
になり、ユニフォームの背中の名前
の表記も「BOMBER」に。30代に
なって、毛根の寿命を考慮し、アフ
ロヘアーを封印した。

本間幸司
【ほんまこうじ】

水戸ホーリーホックの顔であり象徴。
選手生活の最初は浦和だったが、
1999年に水戸に加入。2000年から
本間とともに水戸はJ2で戦い続け
て、本間幸司の出場試合数は2020
年で575試合。すべて水戸で積み重
ねたもの。もちろん出場試合数はJ2
トップ。「幸司と共にJ1へ」。水戸に
関わるすべての人の思いだ。

サッカーはデータ"で"見てもおもしろい

Jリーグ あれこれ ナンバーワン

豆知識

1993年の開幕から2020年シーズンまで、
さまざまな記録が生まれてきたJリーグ。
28年の歴史の中で特に印象に残る記録をピックアップした。

出場年齢

最年少
15歳
5ヶ月1日

最年長
53歳
9ヶ月23日

2020年の最終節、横浜F・マリノス戦に出場した横浜FCの三浦知良は自身の持つ最年長記録を更新。久保建英は、J3、FC東京U-23の一員として15歳5ヶ月1日でデビュー。

最多連勝&連敗

16
連勝

17
連敗

Jリーグの最多連勝記録は1998年から1999年にかけて、鹿島アントラーズが記録した16連勝。最多連敗記録は1996年の京都パープルサンガ。開幕から17連敗を喫した。

最長身選手

205cm

2015年~2018年、ガイナーレ鳥取でプレーした畑中槙人が身長205cmで歴代最長身選手。2020年、身長が207cmに。レブロン・ジェームズより高くなったとツイート。

J1監督通算勝利数

270勝

J1監督通算勝利数歴代1位は、柏、ガンバ大阪、神戸、名古屋と4クラブを率いた西野朗監督で270勝。ガンバ大阪にJ1リーグ優勝など、多くのタイトルをもたらした。

最多観客動員数

63,854人

2019年12月7日、横浜F・マリノスが15年ぶりのJ1優勝を決めた日産スタジアムには、63,854人の観客が足を運び、J1リーグ戦最多観客動員数を更新した。

J1最多出場

641試合

J1最多出場は、J2ジュビロ磐田に期限付き移籍中の遠藤保仁の641試合。Jデビューは、横浜フリューゲルス在籍時の1998年3月21日の横浜マリノス戦。開幕スタメンだった。

最多連続無敗

30戦

ブラウブリッツ秋田が記録。2019年、J3の第33節対C大阪U-23戦から、2020年、J3の第28節対G大阪U-23戦まで。この試合でJ3優勝、J2昇格を決めた。

J1リーグ優勝回数

8回

J1リーグで最多の優勝回数を誇るのは鹿島アントラーズで8回。最初の優勝は1996年。2000年、2001年は二連覇。2007年からは三連覇を達成している。

連続試合出場

244試合

2020年シーズンで引退した曽ケ端準が記録したもの。鹿島アントラーズで長らく守護神を務めた。2018年に天皇杯最多出場記録も樹立。鹿島一筋で現役を終えた。

年間MVP最多受賞

2回

最多2回を記録したのは、現在横浜FCに在籍する中村俊輔。横浜F・マリノス時代、一度目は2000年シーズンに最年少で、二度目は2013年シーズンに、その活躍が認められて受賞した。

マイアミの奇跡
【まいあみのきせき】

1996年、アトランタオリンピックの男子サッカー、グループリーグD組第1戦にて、日本五輪代表が優勝候補のブラジル五輪代表を1対0で破った試合のこと。キャプテンマークを巻いた前園真聖がチームを引っ張り、川口能活は神懸かったセーブを連発。72分、路木龍次のロングボールにDFのアウダイールとGKジダが交錯し、こぼれ球に反応した伊東輝悦が流し込んだゴールが決勝点となった。

るために選手達が発する言葉。微妙なシチュエーションでは、サッカー選手は反射的に片手を上げて、大きな声でこの言葉を言う。

マイヤー
【まいやー】

オランダ国籍のサッカー選手、ヘニー・マイヤー。1993年5月15日、国立競技場で行われたJリーグ開幕戦、ヴェルディ川崎対横浜マリノスで記念すべきJリーグ第1号ゴールを決めた選手。Jリーグ通算成績は11試合出場2ゴール。開幕戦のゴール以外は大きなインパクトを残せず早めの帰国となった。あの日ピッチに立っていたほとんどの選手が第1号ゴールを狙っていたそうだ。

マイボール
【まいぼーる】

ラインを越えたボールのラストタッチがどちらの選手なのかわかりづらい時に、「自分たちのスローインだ！」「コーナーキックだ！」とアピールす

マスコット総選挙
【ますこっとそうせんきょ】

2013年から始まったJリーグマスコット総選挙は　FUJI XEROX SUPER CUPとともにJリーグ開幕

を告げる風物詩。SNSを軸に、さまざまな広報活動で1位を目指す選挙戦は熾烈を極める。Jリーグのマスコットのクオリティーの高さは、Jリーグが世界に誇れるもののひとつ。

間瀬秀一
【ませしゅういち】

アメリカ、メキシコ、グアテマラ、エルサルバドル、クロアチアでプレー。その間に英語、スペイン語、クロアチア語をマスター。2003年からジェフの監督に就任したイビチャ・オシム監督の通訳に。オシムの言葉を一番近くで多く聞き、オシムの考えをよく知る人物。その後、S級ライセンスを取得。ブラウブリッツ秋田や愛媛FCで監督を務めた。

股抜き
【またぬき】

相手の股の間にボールを通すこと。股抜きは相手を無力化することができ、見ていても楽しいテクニック。しかし、股抜きをされた方は非常に屈辱的。鼻息が荒くなるので、股抜き直後は少し距離を取りましょう。

マダム・ロビーナ
【まだむ・ろびーな】

セレッソ大阪のマスコット、ロビーのおかん（母）。エレガンテ・エスプレンディーダ・マダマ・ロビーナ・デ・セレッソ。自転車に乗ったり小芝居をしたりと芸が細かい。

松木安太郎
【まつきやすたろう】

読売クラブや日本代表の右サイドバックとして活躍。監督としてヴェルディ川崎を二連覇に導いた。サッカー解説者として、「ふざけたロスタイムですね〜」、「レッドカード3枚くらい必要だぞこれ！」、「なんなんすか、これ」などの名言？　迷言？を連発。今日はどんな言葉が飛び出すかと、松木さんの解説を楽しみにしている人も多い。

松田直樹
【まつだなおき】

2011年8月4日、当時JFLの松本山雅FCに所属していた松田直樹さんは練習中に突然倒れ、そのまま帰らぬ人となった。熱い魂を持つ永遠のサッカー小僧。松田さんのサッカーに対するストレートな想いやピッチでの勇姿がサッカーファンの記憶から消えることは決してない。

マッチコミッショナー
【まっちこみっしょなー】

試合会場において、スタジアム施設、試合運営などのさまざまな事柄を監視する役目を担っていて、任務は非常に多く、大変な仕事のようだ。

マッチデープログラム
【まっちでーぷろぐらむ】

選手のインタビューや対戦相手の情報、試合当日のイベント情報などが掲載されている小冊子的なもの。試合当日スタジアムで配布される他、ホームページで閲覧できるクラブもある。写真やコラム、ファン、サポーターの声や細かいネタまで見どころは多い。

マノン
【まのん】

Man on。相手が来ているということ。ブラジルではLadrao（ラドロン）。ラドロンはポルトガル語で泥棒の意。泥棒がボールを盗みに来たから気をつけろということ。頭に入れておかないと、「あれ？　マノンって何だっけ？」と考えているうちにボールを奪われてしまう。

マラドーナ
【まらどーな】

ディエゴ・アルマンド・マラドーナ。誰もが知るスーパースター。「5人抜き」、「神の手」が語られることも多いが、プレーの一つひとつにサッカ

ーの楽しさや喜びそしてサッカーの自由さが詰まっていた。2020年、突然の訃報に母国アルゼンチンのみならず、世界中が悲しみに暮れ、Jリーグでも試合前に黙祷が捧げられた。

マラニョン
【まらにょん】

本名、ルイス・カルロス・ドス・サントス・マルチンス。ヴァンフォーレ甲府、東京ヴェルディで活躍した爆発的なスピードが魅力のブラジル人フォワード。本名にマラニョンという文字がまったく含まれていないが、マラニョンとは出身州の名前。「和歌山」、「高知」みたいなことかなぁ？

マルキーニョス
【まるきーにょす】

2001年、東京ヴェルディ1969を皮切りに7つのクラブでプレー。横浜F・マリノスの優勝、鹿島アントラーズの三連覇に大きく貢献。鹿島在籍時の2008年にはMVPと得点王に輝いた。J1通算152ゴールは外国人選手歴代最多。さまざまなパターンから多くのゴールを奪った。

マルシオ・リシャルデス
【まるしお・りしゃるです】

2007年から2010年までアルビレックス新潟で、2011年から2014年までは浦和レッズでプレーしたブラジル人プレーヤー。右足のキックは高精度。2010年7月24日、新潟在籍時にはPK、直接FKそしてCKからも直接ゴールを決め、セットプレーだけでハットトリックを達成した。

マリーシア
【まりーしあ】

ずる賢さを意味するポルトガル語。ずる賢いプレーというと汚いプレーをイメージしがちだが、駆け引きで相手を上回ることであったり、したたかにプレーすることがマリーシアなのだろう。

マリノス君
【まりのすくん】

横浜F・マリノスのマスコット。Jリーグ創設時からクラブを支え続け、ホームゲームの時はベンチの横に座り、ピッチを見つめ続ける。2019年9月14日、Jリーグ通算450試合出場達成。レジェンドであるにもかかわらず、マリノス君はいつも礼儀正しい。

マルセイユルーレット
【まるせいゆるーれっと】

マルセイユターンとも呼ばれるフェイントの一種で、元フランス代表ジネディーヌ・ジダンの得意技。相手がボールを奪おうと寄せてきた時に、足裏でのボール扱いと自分の体をうまく使って回転しながら相手をかわすので、実に美しい。華麗なフェイントである。

マン・オブ・ザ・マッチ
【まん・おぶ・ざ・まっち】

Man Of the Matchの頭文字をとってMOMとも言われる。その試合において最も印象的な選手のこと。ロースコアなゲームで、MOMに選ばれたディフェンスの選手が「俺?」みたいな表情をするのがおもしろい。

マンツーマン
【まんつーまん】

1人に対して1人が対応すること。現場レベルの人が略して「マンツー」と言うのは気にならないが、サッカー知ってるぞ感を出そうとして「マンツー」と言っている人を見ると、小っ恥ずかしい気持ちになる。

三浦知良
【みうらかずよし】

愛称カズ、キングカズ。日本のサッカーの象徴であり、カズの存在自体がJリーグの歴史でもある。Jリーグ初代MVPであり、現在もプレーを続けるカズは世界が認めるまさにレジェンド。どこまでも現役であり続けてほしい。

ミサンガ
【みさんが】

Jリーグが開幕した頃、手首や足首にミサンガを巻くJリーガーが多くいたことで、サッカー界だけでなく一般にも広がった。ミサンガが切れると願い事が叶うというけれど……。

ミシャ
【みしゃ】

ミハイロ・ペトロヴィッチ。広島、浦和、札幌を率いて外国人監督初のJ1通算200勝を達成。変幻自在で攻撃的なサッカーは観るものを魅了するだけでなく、多くのサッカー選手の成長を促し、選手はミシャから多くの刺激を受ける。フランクな人柄で、会う人会う人に飴ちゃんを配る。これが結構嬉しい。

Mr.ピッチ
【みすたーぴっち】

全身が緑の芝生で覆われたキャラクター。Jリーグ百年構想の実現のため日々奔走。校庭の芝生化にも力を入れている。身長180cm 。結構デカい。

瑞穂陸上競技場
【みずほりくじょうきょうぎじょう】

施設の老朽化と2026年のアジア大会に向けて、瑞穂陸上競技場は休場し、改築・改修工事に入った。アジア大会のメイン会場になる瑞穂陸上競技場は、座席3万席の新しいスタジアムに生まれ変わる。名古屋グランパスにとって、このスタジアムは「聖地瑞穂」。名古屋グランパスは「ありがとう、瑞穂。」プロジェクトをスタートさせ、しばしの別れ（かなり長めだけど）を惜しんだ。

みちのく ダービー
【みちのくだーびー】

ベガルタ仙台とモンテディオ山形の対戦する試合のこと。1989年、東北社会人サッカーリーグで、それぞれの前身である東北電力サッカー部と山形日本電気の対戦からの歴史。2010年から「みちのく

ダービー」の呼称に。2018年12月5日、天皇杯準決勝は3年ぶりのみちのくダービー。チケット完売。地元のNHKでは特番も組まれ、盛り上がりを見せた。かなり熱い！

ミックスゾーン
【みっくすぞーん】

報道関係者などが選手に取材することを許されているエリアのこと。負けて不機嫌な選手。負けても丁寧に答える選手。決勝点を決めて多くの記者に囲まれドギマギする新人選手。選手の言葉を逃すまいと聞き耳を立てる記者。たくさんの言葉と選手のボディクリームの香りが漂う特別な空間。ここにもたくさんのドラマがある。

三ツ沢
【みつざわ】

ニッパツ三ツ沢球技場。1955年国民体育大会に備えて建設された。1964年、東京オリンピックのサッカー会場として使用され、1993年5月16日、Jリーグの開幕節、横浜フリューゲルス対清水エスパルスも行われた。ピッチとスタンドが近く、サッカーの楽しさが詰まったスタジアム。中村俊輔も世界で一番好きなスタジアムと公言する。コロナ禍のJリーグで隣接する横浜市立市民病院の窓には「戦いは続くけれども大丈夫 三ツ沢に信じる仲間がいる」などのメッセージが貼られた。

ミッドウィーク
【みっどうぃーく】

月曜日から木曜日のことだったり、週の中頃のことを指す。ただ、日本では主に水曜日開催のことをミッドウィーク開催と呼ぶ。観客が週末よりも少ないこともあるが、スタンドには本当にサッカーが好きな人が集う空気が漂う。

ミッドフィルダー
【みっどふぃるだー】

MF。フォワードとディフェンダーの間に位置する中盤のポジション。視野の広さ、プレーの種類の多さ、スタミナ、そしてボールを扱う技術などなど必要とされることが多い。

三菱ダイヤモンドサッカー
【みつびしだいやもんどさっかー】

東京12チャンネル（現テレビ東京）で放送されていたサッカー番組の草分け的存在。テレビでほとんどサッカーを見ることができなかった昭和な時代に、イングランドやドイツのリーグ戦を放送。前、後半を2週に分けて放送するという今では考えられないような放送形態だった。金子勝彦氏の実況と岡野俊一郎氏の解説が当時のサッカーファンを魅了。オールドファンはみんなオープニングの曲を口ずさむことができる。

三菱養和
【みつびしようわ】

巣鴨と調布に専用施設を持つ総合スポーツクラブ。幼稚園児から大人までが同じグラウンドでボールを蹴っており、とにかくアットホームな雰囲気が特徴。ユースチームは永井雄一郎や田中順也、中村敬斗など日本代表クラスの選手も輩出しており、いわゆる"街クラブ"の雄として全国レベルの大会でも存在感を示している。

密輸
【みつゆ】

鹿島アントラーズの本拠地である茨城県立カシマサッカースタジアムは、もつ煮、ハム焼、いわしのつみれ汁など安くておいしい飲食店がコンコース全方向にずらりと並ぶ、Jリー

グ屈指のグルメスタジアム（火気厳禁のスタジアムが多い中、ガスや水道のラインを通しているため、アツアツのグルメが堪能できることでも知られている）。しかし、柵で隔離されたアウェイの応援席となるビジターゴール裏は出店している店が限られているため、これらのグルメを堪能できない。そのため、鹿島のサポーターや指定席を購入したアウェイのサポーターにお願いして、名物のスタジアムグルメを柵越しにブツと代金を取引することを“密輸”と呼ぶ。ちなみに、柵の近くに配置されている警備員さんは、このやりとりは見逃してくれるらしい。

水戸ちゃん
【みとちゃん】

世の中で「ミトちゃん」といえば日本テレビの水卜麻美アナウンサーのことを指すが、Jリーグで「水戸ちゃん」といえばもちろん水戸ホーリーホックのこと。し

かし、昨今好成績を残していることと団体名に「ちゃん」付けすることに違和感を覚えたひらたは「水戸御中」と呼ぶことを推奨したが、一向に広まる気配はない。

ミドルサード
【みどるさーど】

ピッチの全長を三等分した時の中央のエリアのこと。スペースも時間もないエリアでは、正確でミスの少ないプレーが求められる。

ミドルシュート
【みどるしゅーと】

やや距離のあるところから打つ、中距離のシュート。ただ、ゴールから何mのところから打つシュートがミドルシュートと定義があるわけではない。なので、ミドルシュートは見る側の感覚に委ねられている。

三村ロンド
【みむらろんど】

湘南ベルマーレのスタジアムナビゲーター。選手紹介、サポーターとのコールアンドレスポンスでスタジアムに一体感を生み出す。アウェイのゴール裏にも出没し、サポーターとともに声援を送る姿もよく見かける。『世界まる見え！テレビ特捜部』（日本テレビ）など多くのテレビ番組のナレーションも担当。番組制作においても、欠かせない声の持ち主だ。

宮の沢白い恋人
サッカー場
【みやのさわしろいこいとさっかーじょう】

石屋製菓の白い恋人パーク内にある北海道コンサドーレ札幌の練習場。観客席で練習を楽しむも良し、レストラン梟巣（おうるず）で食事をしながら見学するも良し。海外のような美しい練習場である。

ミラーゲーム
【みらーげーむ】

同じフォーメーション同士のチームが対戦すること。マッチアップが明確になるので、1対1の局面が多くなる。

む

無回転シュート
【むかいてんしゅーと　】

ボールに回転がかからない無回転シュートはボールの動きが不規則になる。蹴った本人もボールの動きをコントロールできないくらいだから、キーパーがセーブするのは困難を極める。無回転で飛ぶ物体は不安定かつボールの後ろ側に空気の乱れた渦ができて、その渦に押されてボールの動きが不規則になるそうだ。

村井 満
【むらいみつる】

第五代Jリーグチェアマン。2014年、ビジネス界出身者としては初めてとなるJリーグチェアマンに就任。Jリーグの組織構造改革、経営改革に着手。2016年、スポーツ専門のストリーミングサービス「DAZN」を提供する英パフォームグループと大型契約を締結。Jリーグのデジタル戦略にも取り組む。新型コロナウイルス感染拡大などさまざまな問題にも迅速に対応。ビジネスマン時代の経験を生かし、Jリーグを牽引する。

村野明子「Jリーグの技あり寮ごはん」
【むらのあきこ「じぇいりーぐのわざありりょうごはん」】

コンサドーレ札幌で6年間、ヴィッセル神戸で10年間、寮母を務めた村野明子による寮ご飯のレシピが掲載された1冊。現在はC大阪で寮母を務める一方、サッカー以外の競技のアスリートへ向けて食のサポートを行っている。食に関しては、ほかにアルビレックス新潟・田中達也選手の奥様・愛美さんは公式携帯サイト「モバイルアルビレックス」と公式サイトで料理を紹介する『達也家の食卓』を連載していた。

め

メインスタンド
【めいんすたんど】

VIP席や関係者席、記者席などがあるのがメインスタンド。少し値段がお高い席もあるが、指定席も多く、余裕を持ってサッカー観戦に行ける。ベンチが近いこともあり、監督の動きや、途中出場のためにウォーミングアップに励む選手を近くで見ることができる。日が当たらないことが多いので、天気は良くても意外と寒いこともある。

メッシ
【めっし】

リオネル・メッシ。世界最高のサッカー選手。世界最高がゆえに、日本にも、海外にも〇〇のメッシが多く存在する。小柄で、細かくボールタッチするドリブルが得意で、カットインからのシュートを持っていると、〇〇のメッシ候補になる。チャナティップはタイのメッシと呼ばれ、FC東京の紺野和也も大学時代は法政のメッシと呼ばれた。その中でも愛媛FCに期限付き移籍中だった齋藤学につけられた「エヒメッシ」というネーミングは素晴らしい出来栄え。「エヒメッシ」の名に恥じないキレのある動きを見せていた。

メロンまるごとクリームソーダ
【めろんまるごとくりーむそーだ】

県立カシマサッカースタジアムにて夏季限定で楽しめる大人気スイーツ。凍らせた完熟メロンの種をくり抜いてソーダを流し込み、バニラアイスを添えたもので、味もインパクトも他の追随を許さない。メロン生産量日本一の茨城県ならではの一品。

メンバー表
【めんばーひょう】

キックオフ約2時間前に試合メンバー表がマスコミなどに配布される。試合の日時。審判団の名前や生年月日。そして、スタメン、サブのメンバーの名前や生年月日、身長体重、前所属チームなどが記載されている。遠藤保仁は楢崎正剛が引退した時、メンバー表の前所属チームの欄に「横浜フリューゲルス」と記されている選手がいなくなることが寂しかったそうだ。

も

もつ煮
【もつに】

県立カシマサッカースタジアムのスタグルはJリーグトップクラス。最高に美味しいものが揃っているが、その中でももつ煮は外せない。安くて量が多くて美味い！ 言うことなしだが、もつ煮を販売する店も多いので、もつ煮食べ比べができるほどの強力もつ煮ラインナップ。食べなきゃ損。

戻りオフサイド
【もどりおふさいど】

オフサイドか否かは味方がボールを蹴った瞬間にオフサイドポジションにいたかどうか。ボールを触ったところはオフサイドポジションではないとしても、味方がボールを蹴った瞬間にオフサイドポジションにいた

なら、オフサイドになる。これが戻りオフサイド。「もう少し戻っておけば良かった。時計の針を戻したい」と思っても、もう後の祭り。過去は戻ってこない。

モネール
【もねーる】

フェルナンド・ダニエル・モネール。横浜フリューゲルスで活躍したアルゼンチン人プレーヤー。味方の選手とお尻を合わせて踊る「モネールダンス」で一躍人気者に。明るいキャラクターでテレビ番組にも登場。「さんまさ〜ん、さんまさ〜ん！」とスタジオへの呼び掛けから始まるレポートでお茶の間を沸かせた。

ももかん
【ももかん】

サッカーをプレーする上で避けて通れない「ももかん」。太腿に相手の膝などが当たり、立ち上がれないほど

の強烈な痛みを引き起こす。「チャーリーホース」とも呼ばれる「ももかん」は医学的にいうと大腿筋打撲、大腿筋挫傷。足に力が入らなくなる。

モリシ
【もりし】

セレッソ大阪そして日本代表でも活躍した森島寛晃氏の愛称。現在、株式会社セレッソ大阪代表取締役社長。自国開催のW杯で自身が所属するクラブのホームスタジアムでゴールを決めるという、珍しい記録を持っている。「ミスターセレッソ」としてだけでなく、誰に対しても腰が低い人柄は万人から愛される。

森下英矢
【もりしたひでや】

アルビレックス新潟のスタジアムMC。愛称モリゲ。新潟のお笑い集団NAMARA所属の芸人。2001年からスタジアムMCを担当。デンカビッグスワンスタジアムから鳥屋野潟をはさんだ対面側で生まれた生粋の新潟人の新潟愛、アルビ愛がこもった声がスタジアムに響き渡る。

森本貴幸
【もりもとたかゆき】

日本にも多くの若い才能が出現するようになったが、15歳11カ月28日というJ1最年少得点者はいまだに森本貴幸。東京ヴェルディでプレーした後、イタリアに渡りカターニア

やノヴァーラそしてUAEのアル・ナスルでもプレー。Jリーグに復帰後は千葉、川崎、福岡でプレーし、福岡退団後はAEPコザニ（ギリシャ3部）と契約を結んだ。

森保 一
【もりやすはじめ】

現日本代表監督兼U-23サッカー日本代表監督。現役時代は広島、京都、仙台でプレー。2012年から2017年7月までサンフレッチェ広島の指揮をとり、J1優勝3回。2018年7月、日本代表監督に就任。長崎県出身。愛称ポイチ。

役職
【やくしょく】

長年在籍した選手で、引退後も各クラブに在籍するレジェンドに与えられる役職はさまざま。鹿島アントラーズの中田浩二はCRO（クラブ・リレーションズ・オフィサー）、小笠原満男はAAA（アントラーズ・アカデミー・アドバイザー）、広島も森崎和幸はクラブリレーションズマネージャー、弟・浩司は初代アンバサダー、FC東京の石川直宏はクラブコミュニケーター、千葉の佐藤勇人はクラブユナイテッドオフィサー。2021年、中村憲剛はFRO（フロンターレ・リレーションズ・オーガナイザー）に就任した。

ヤサガラス
【やさがらす】

石川県を絶望の淵へと叩き落とすべく現れた悪の化身「ヤサガラス」。ツエーゲン金沢のヒーロー「ゲンゾイヤー」と「ヤサガラス」が石川県西部緑地公園で繰り広げる「ヤサガラス劇場」はツエーゲン金沢のホームゲームの名物。目まぐるしい展開は観客を飽きさせない。

野人
【やじん】

野人といえば岡野雅行。長髪を振り乱して尋常ではない速さでピッチを走り回る姿、サッカー部がない高校で不良を集めて強豪校にした驚愕エピソードなど、すべてが「野人」という名にふさわしい。引退後はガイナーレ鳥取の代表取締役GMとして手腕を振るっている。

やべっちF.C.〜日本サッカー応援宣言〜
【やべっちえふしー〜にほんさっかーおうえんせんげん〜】

テレビ朝日系列で2002年4月から、18年半もの間放送されていたナインティナイン矢部浩之さんMCのサッカー番組。2020年9月、多くのサッカーファンのみならず多くのサッカー選手にも惜しまれつつ番組終了。と思いきや、2020年11月、DAZNにて「やべっちスタジアム」として復活を果たした。

山の神
【やまのかみ】

箱根駅伝にも山の神はいるがJリーグの山の神といえば山岸範宏のこと。モンテディオ山形在籍時の山岸

は2014年11月30日、J1昇格プレーオフ準決勝磐田戦の後半アディショナルタイム、ゴールキーパーながら相手ゴール前に現れ、CKからまさに神懸かったヘディングシュートを決めた。奇跡の瞬間、スタジアムの時は止まり、山岸範宏は山の神になった。

山本浩
【やまもとひろし】

通称トラさん。日本の多くのサッカーシーンを素晴らしい実況で彩ったアナウンサー。多くの言葉がサッカーファンの心を揺さぶった。日本のサッカーの記憶は山本浩氏の声そして言葉とともに深く脳裏に刻まれる。

ゆ
ユーティリティープレーヤー
【ゆーてぃりてぃーぷれーやー】

複数のポジションをこなせる選手の

こと。こういう選手がいると、戦術的にも戦略的にも幅ができる。日本代表のキャプテンを長年務めた長谷部誠は優れたユーティリティープレーヤー。様々なポジションでハイレベルのパフォーマンスを披露する。

ユニフォーム交換
【ゆにふぉーむこうかん】

試合後、お互いの健闘をたたえあうという意味を込めて行われるユニフォーム交換。見ていて感動的なユニフォーム交換も少なくない。誰と誰がユニフォームを交換するかが気にはなるが、ユニフォームを脱いだ時の選手の腹筋の割れ具合も気になる。

ユニリーバスタジアム新富
【ゆにりーばすたじあむしんとみ】

2021年からJ3に参入するテゲバジャーロ宮崎の新スタジアム名。2021年2月完成予定の約5000人収容のサッカー専用スタジアム。天井や手すりなどにふんだんに木材が使用されている。

ゆりかごダンス
【ゆりかごだんす】

1994年、アメリカW杯、ブラジル代表ベベット発祥と言われる自分やチームメイト、チーム関係者の赤ちゃん誕生を祝うゴールパフォーマンス。日本で最初に披露したのは名良橋晃。しかし、赤ちゃんが生まれたわけではなく、ただベベットのまねをしたいだけだった。

ゆるキャラサッカー
【ゆるきゃらさっかー】

年に一度ほど、愛媛FCのホームゲームの前座試合として開催されるゆるキャラサッカー。愛媛FCのマスコットオ〜レくん率いる「蜜柑FC」対一平くん率いる「FC一平」の対決。出場選手はもちろん全員ゆるキャラ。フルコートで繰り広げられるサッカーがあまりにもゆるすぎて、嫌なことなどすべて吹っ飛び、細かいことに悩んでいた自分がバカバカしく思えてくる。最高の前座試合。2020年はなんと、あのガチャピンも参戦した。

You'll Never Walk Alone
【ゆーういる・ねばー・うぉーく・あろーん】

略してユルネバ。リバプール、セルティック、アヤックスなど世界のあらゆるスタジアムで歌われる名曲。JリーグならやはりFC東京。歌い出しはしっとりだが、次第にボルテージが上がっていくメロディーライン。心を震わす歌詞。試合前に聞くと泣きそうになる。

よ

吉田謙
【よしだけん】

2020年、ブラウブリッツ秋田を就任初年度でJ3優勝、J2昇格に導いた監督。20勝8分無敗の成績で6節を残して優勝を決めた。朴訥とした

語り口調、言葉のチョイス、体言止めなどの表現方法。吉田謙の言葉は聞いている者の胸に突き刺さる。2017年、アスルクラロ沼津の監督時代の最終節でのスピーチは記憶に残る名スピーチ。スタジアム中が感動し、拍手を送った。

吉田サッカー公園
【よしださっかーこうえん】

広島県安芸高田市にあるサンフレッチェ広島の練習場。天然芝グラウンド2面、人工芝グラウンド1面。広島市内から車で約1時間。豊かな自然に囲まれた練習場には野生の鹿も出没する。

YOSHI METER
【よしめーたー】

イチローの安打数を表示する「イチ・メーター」からヒントを得て考案さ

れたのが、大久保嘉人のJ1通算ゴール数を表示する「ヨシ・メーター」。メーターシリーズは他にもあり、ピーター・ウタカのゴール数を示す「ウタカ・メーター」や山本英臣の出場試合数を示す「オミ・メーター」など色々なメーターが各地に存在する。

予備動作
【よびどうさ】

パスを受けたい時に、受けたい方向とは逆方向に一度動いてから、受けたい方向に行くような、いわゆるフェイクの動きのこと。中継の画面では、予備動作までは映っていないことも多いので、スタジアムで見てほしい動き。いつもフリーでボールを受けている選手は、ポジショニングとともにこういう動きを欠かさず行なっている。

よ

ラインコントロール
【らいんこんとろーる】

ディフェンスラインの高さをコントロールすること。相手フォワードとの駆け引きの中でラインを上げ下げすることもあるし、全体をコンパクトに保つためにラインを押し上げることもある。ラインが統率できていないとギャップが生まれ、相手に攻撃できる隙を与えてしまう。

ラダー
【らだー】

英語でハシゴのこと。練習場などでピッチ上に梯子を横に倒したようなマス目の上を選手が走っている姿を見かけるが、あれがラダー。筋持久力や瞬発力を鍛え、アジリティを高める。

ラボーナ
【らぼーな】

軸足の外側に置いたボールを、軸足の後ろから回した蹴り足でボールを蹴る華のあるテクニック。練習や止まったボールなら可能かもしれないが、試合かつ流れの中でラボーナを披露するなんて相当の猛者。クリスティアーノ・ロナウドやネイマールなどが時に披露する。2020年、鹿島のエヴェラウドがラボーナでクロスを上げ話題にもなった。

ラモス瑠偉
【らもするい】

愛称カリオカ。華麗なテクニックでサッカーの楽しさを、闘う姿勢でサッカーの厳しさを体現し続けた。その姿はまさに侍。日本のサッカーや日本代表が成長する過程において、けっして欠くことができない存在だった。2018年、第15回日本サッカー殿堂入り。

ラモン・ディアス
【らもん・でぃあす】

1993年〜1995年、横浜マリノスに在籍したアルゼンチン人フォワード。Jリーグ開幕年の1993年、2試合連続ハットトリックを含む、32試合出場28得点でJリーグ初代得点王。Jリーグ通算75試合出場52ゴール。強烈なシュートというよりも、巧みにキーパーのタイミングをずらすようなシュートがうまかった。

ランクル賞
【らんくるしょう】

グランパスランクル賞のこと。ファン投票で名古屋グランパスの選手からリーグ戦を通じての最優秀選手を決めるもの。最優秀選手には愛知トヨタからランドクルーザーが贈られる。同じ名古屋を本拠地にする中日ドラゴンズには、「ドラゴンズクラウン賞」があり、最優秀選手には愛知トヨタからクラウンが贈られる。

リヴェルン
【りゔぇるん】

新しく東京ヴェルディのメインマスコットに就任したのが始祖鳥がモチーフといわれる「リヴェルン」。2020年5月4日、東京ヴェルディクラブハウスで生まれた（森とかでいいような気もするけれど・・・）。見た目もかわいいリヴェルン。期待は大きい。

©TOKYO VERDY

リザーブメンバー
【りざーぶめんばー】

ベンチ入りしている交代要員の選手のこと。Jリーグでは7人まで。このメンバーで監督の狙いが透けて見えることも。ケガ明けの選手の名前を見つけて、復帰したことに嬉しくなったり、ユース所属の2種登録の選手の名前を見つけて、急いで調べてみたりと、リザーブメンバーもなかなか興味深い。

リトリート
【りとりーと】

相手ボールになったら、なにはともあれ自陣に戻り、守備陣形を整えて相手の攻撃に備えるというもの。「ガチガチに守るねー」などと簡単に口にしてはいけない。これも立派な戦術である。

リトル本田
【りとるほんだ】

「自分の心の中にいるリトル本田に尋ねました。どこでプレーしたいのかと。彼は答えました。『ミランだ』と。それが理由です」。2014年1月8日、ACミランへの入団会見で、ミランを選んだ理由を聞かれ、本田圭佑流の答えの中に登場したのがリトル本田。もう一人の本田圭佑というより、本当の本田圭佑という意味なのだろう。たぶん。

REVIVE
【りばいぶ】

FC琉球は首里城の一日でも早い復興及び再建のため、2020年シーズン、公式戦ユニフォームの正面胸に首里城のイラストと「REVIVE（復興）」のメッセージを掲げて戦った。

リフティング
【りふてぃんぐ】

足、頭、胸など手以外の体の部分を使ってボールを落とさないように扱う技術のこと。フリースタイルフットボール「球舞」はリフティングをボールを扱う技術からエンターテインメントに昇華。音楽とリフティングを中心としたフリースタイルフットボールが融合し、素晴らしいパフォーマンスを披露する。

リベロ
【りべろ】

リベロは自由という意味のイタリア語。ディフェンスラインで危険なところをカバーしつつも、攻撃時は後方からの組み立てに参加し、中盤でゲームメイク。時にはシュートシーンにも顔を出す。最近ではあまり聞かれなくなったが、フランクフルトでプレーする長谷部誠は新しいリベロ像を作り出している。

ポーン
ポン

リモート応援システム
【りもーとおうえんしすてむ】

無観客試合や観客数も応援方法も制限されたコロナ禍での新しい応援の形。スマートフォン専用サイトの「応援ボタン」をタップした人数に応じて、スタジアムに設置されたスピーカーから歓声や拍手の音を流すことができるシステム。スタジアムの雰囲気作りを後押ししてくれる。

リモートマッチ
【りもーとまっち】

新型コロナウイルス感染防止のため、無観客試合による運営を余儀なくされた期間があったが、「無観客試合」という呼び方はスポーツの世界では懲罰を意味するものであることから、別の呼び方を一般公募し、最終的に「リモートマッチ」に決定された。

流通経済大学
【りゅうつうけいざいだいがく】

略して流経（りゅうけい）。中野雄二監督の下、関東1部リーグ優勝3回。総理大臣杯優勝3回。インカレ2回優勝。2002年、阿部吉朗が同校初のJリーガーとしてFC東京に加入すると、この20年近くで120人以上のプロ選手が誕生。同校2人目のJリーガーに当たる塩田仁史が「どのチームと対戦しても、試合後にはたいてい後輩が挨拶に来る」と語るほど。Jリーグで笛を吹いている岡部拓人主審も選手として同校に在籍していた。

る

ルヴァンカップ
【るゔぁんかっぷ】

正式名称はJリーグYBCルヴァンカップ。1992年の第1回から2016年のグループステージまでの大会名称は「Jリーグヤマザキナビスコカップ」。2013年、同一企業の協賛でもっとも長く開催されたプロサッカーリーグの大会としてギネス世界記録に認定され、名称は変わったものの現在も継続認定されている。

ルーズボール
【るーずぼーる】

どちらのチームもコントロールしていない状態のボールのこと。ルーズボールへの反応、処理は試合の中でも非常に重要である。

ループシュート
【るーぷしゅーと】

ゴールキーパーの頭越しに放たれる山なりの放物線を描くシュート。ゴールが決まるまでの時間経過がたまらない。1994年、Jリーグサントリーチャンピオンシップ第2戦でのラモス瑠偉のループシュートは実に美しいゴールだった。

ルターナ
【るたーな】

ベガルタ仙台のマスコットベガッ太の妹。チーム名の由来でもある仙台夏の風物詩「仙台七夕」から、ベガ（織姫）とアルタイル（彦星）の「ルタ」、七夕の「ターナ」、仙台七夕の開催日であり、ルターナの誕生日でもある8月7日の「ナ」を組み合わせた名前（かなり複雑）。誕生して間もないが、ダンスがうまい。

る

ルックアップ
【るっくあっぷ】

顔を上げて周りを見ること。ボールを見ようと目線を下げた途端、相手の選手が襲ってくる。逆に、姿勢が良くていつも周りを見ている選手には、相手の選手も簡単には寄せられない。

れ

レ
【れ】

2004年8月から12月までヴァンフォーレ甲府に在籍したレアンドロ・セザール・デ・ソウザの登録名。プレー以上に「レ」という名前のインパクトで記憶に残り続ける。なぜ、その登録名にしたのか？ 本人発信なのか？ クラブ発信のかは不明。

レイソルカリー
【れいそるかりー】

柏レイソルのホーム、三協フロンテア柏スタジアムの名物のひとつ。スパイスの効いた挽き肉のカレーに半熟卵とトルティーヤチップスとレタスが見事なハーモニーを生み出す。クセになること間違いなし。

レオナルド
【れおなるど】

本名、レオナルド・ナシメント・ジ・アラウージョ。1994年から1996年まで鹿島アントラーズでプレー。端正な顔立ちと華麗なプレーで「レオ様」、「貴公子」と呼ばれた。1995年、横浜フリューゲルス戦で見せたリフティングからのゴールはJリーグ史上最も美しいゴールのひとつ。何度見ても色褪せることはない。

レガース
【れがーす】

すね当て、シンガードとも呼ばれるすねを守るために装着する防具。昔はサイズもデザインもバリエーションが少なかったが、現在ではサイズも大小様々なものがあり、素材にカーボンが使用されているものも。プロ選手が使用するレガースのデザインはオリジナルなものも多く、オリジナルの柄や好きなアニメ、家族の名前や好きな言葉をデザインする選手も多い。マニア垂涎「レガースコレクション」という企画本のアイデアを私は温め続けている。

レゲエ君
【れげえくん】

横浜フリューゲルスのGK森敦彦の愛称。179cmとキーパーとしては小柄だったが、身体能力や判断力で身長の低さをカバー。正GKの座をつかんだ。プレー以上に注目を浴びたのは、ドレッドヘアー、バンダナなどの風貌。レゲエが好きということもあって、ついたあだ名が「レゲエ君」。開幕したばかりのJリーグの中で、人気者の一人だった。

レジスタ
【れじすた】

イタリア語で演出家。ゲームをコントロールし、チャンスを演出する選手。代表的な選手といえばピルロ。遠藤保仁も日本が世界に誇るレジスタの一人だ。

レッドカード
【れっどかーど】

悪質な反則をした選手に主審が提示するレッドカード。提示された選手は退場になる。レッドカードに該当する行為はいくつかあるが、そのひとつはVORに侵入するというもの。VORとはビデオオペレーションルームの略で、VARの業務を行っているところ。判定に納得いかないからといって、ここに乗り込んでいくとレッドカードの対象になる。

レフティー
【れふてぃー】

利き足が左の選手のこと。イングランドでは主にleft footedと呼ぶ。スポーツライターの金子達仁氏はピッチ上で異彩を放つ左利きの選手にもっと注目してほしいという思いから、かつてテニス雑誌の編集の仕事をしている時に、マルチナ・ナブラチロワがレフティーと呼ばれていたことを思い出し、サッカーの世界に持ち込んだ。現在でも、多くの場面でこの言葉が使われている。

ドン

れ

177

レフティーモンスター
【れふてぃーもんすたー】

四日市中央工業高校時代から圧倒的な存在感を放っていた小倉隆史を覚えてほしいと考えたスポーツライターの金子達仁氏はキャッチフレーズをつけることにした。初めは「和製ラウドルップ」にしようとしたが、小倉本人から不評で、そこで思い付いたのが「レフティーモンスター」。その後に出てくる左利きで強烈なシュートを打つ選手が「レフティーモンスター」と呼ばれることも多くなった。

ろ

ローランド
【ろーらんど】

ホスト、タレント、実業家など様々な肩書きを持つが、青春時代は柏レイソルのアカデミーで育ち、名門帝京高校でプレー。2020年、セレッソ大阪「公認セレ男（セレオ）」に就任するなどJリーグを盛り上げる。ルヴァンカップ決勝では副音声にも登場。国内、国外問わずサッカーへの造詣は深い。

ロスタイム
【ろすたいむ】

選手交代や負傷した選手の手当てなどで空費した時間を規定の試合時間を終えた後に追加する時間のことをかつてはロスタイムと呼んでいた。現在、アディショナルタイムと呼んでいるもの。ロスタイムという言葉は和製英語なので、日本以外では伝わらない。この言葉を口にした瞬間、年代、年齢が溢れ出る。

ロストフの14秒
【ろすとふの14びょう】

ロシアW杯決勝トーナメント1回戦。会場はロストフアリーナ。ベルギーに対し2点リードした日本。しかし、追いつかれ同点に。そして、後半アディショナルタイム。日本のCKからベルギーは高速カウンターを発動し、逆転ゴールを決めた。この衝撃的な14秒間は「ロストフの14秒」とも呼ばれ、NHKスペシャルでも取り上げられた。

ロッカールーム
【ろっかーるーむ】

基本的には選手や監督など関係者しか入れないロッカールームは聖域。だからこそ見てみたい。スタジアム

ツアーで、ロッカールームに入れるのはテンションが上がるし、高校サッカーの「最後のロッカールーム」もなぜか見てしまう。サッカードキュメンタリーにはロッカールームの様子を映した映像が必ず欲しい。

ロビー
【ろびー】

オオカミがモチーフのセレッソ大阪のマスコット。本名はノブレ・バリエンテ・アッチェ・ロビート・デ・セレッソとけっこう長め。話しかけると、スケッチブックにマジックで素早く文字を書いて答えてくれる。

ロビング
【ろびんぐ】

高い弾道で、弧を描くようなボールを送ること。パスうんぬんというより蹴ったボールの質の話。

呂比須ワグナー
【ろべすわぐなー】

1987年、日産自動車に加入。その後、日立（柏レイソル）、本田技研工業サッカー部、ベルマーレ平塚、名古屋グランパスエイト、FC東京、アビスパ福岡でプレーしたFW。1997年、日本国籍を取得し、ワグネル・ロペスから呂比須ワグナーへ。その後、日本代表入りを果たし、1998年のフランスW杯では、日本代表ワールドカップ初ゴールとなる中山雅史のゴールをアシストした。

ロングスロー
【ろんぐすろー】

飛距離が出るスローインのこと。ロングスローといえば、イングランドプレミアリーグのロリー・デラップが有名。さて、100年以上前の話だが、スローインは片手投げだった。しかし、ウィリアム・ガンという選手が強肩で、あまりにも遠くにボールを投げたため、片手投げは禁止になり、両手で投げるルールに改められた。現在、ロングスローでかなりの飛距離を投げられる選手がいるが、スローインの歴史を見ると、将来ロングスローが禁止にならないとも限らない。その時、スローインはどんな投げ方になるのだろうか？

ろ

Y.M.C.A.
【わい・えむ・しー・えー】

毎年夏になると、西城秀樹さんは
等々力陸上競技場で、場内を周回し
ながら『ヤングマン』を披露。スタ
ジアムは大いに盛り上がった。2018
年5月16日、西城秀樹さんは急性心
不全のため横浜市内の病院で亡くな
った。ただ、Y.M.C.A.のハーフタイ
ムショーがなくなることはなかった。
2019年ものまねタレントのコロッ
ケさんが西城秀樹さんの想いを継い
でハーフタイムショーを続けること
を決断。これからも毎年、等々力で
西城秀樹さんに会える機会をコロッ
ケさんが作ってくれた。

YC&AC
【わいしーあんどえーしー】

横浜市中区の閑静な住宅街にある
横浜カントリー＆アスレティックク
ラブ（YC&AC）は1868年に設立
された会員制スポーツ社交クラブ。
1904年、東京高等師範学校（現・
筑波大学）と横浜カントリー＆アス
レティッククラブが行った試合が日
本で最初のサッカーの対外試合であ
る。現在、J3のY.S.C.C.横浜はこ
のYC&ACを練習場の一つとして使
用している。

枠内シュート
【わくないしゅーと】

ゴールの枠内に飛んだシュートのこ
と。得点を奪うためにはシュート数
よりも枠内シュート数の方が大事と
いえる。ポストやクロスバーに当た
ったシュートは枠内シュートには含
まれない。枠外のシュートという人
もいるが、枠内でも枠外でもなく枠
シュートだ。

ワシントン
【わしんとん】

ワシントン・ステカネロ・セレケイ
ラ。東京ヴェルディ、浦和レッズで
得点を量産した190cmの大型ブラ
ジル人FW。浦和加入1年目の2006
年には、26試合出場26ゴールとい
う驚異的な数字で得点王に輝き、浦
和のJ1優勝、天皇杯制覇に貢献。糖
尿病や心臓疾患を克服した選手でも
あった。

ワッキー
【わっきー】

市立船橋高校出身。お笑いコンビ、
ペナルティのボケ担当。数年にわた
り、J1全試合つまり306試合を観戦
し続けた。ワッキーの言葉にはJリ
ーグ愛、サッカー愛が詰まっている。
2020年、中咽頭がん（ステージ1）
と診断され、入院、治療を受け、現
在療養中。慌てなくていい。ゆっく
りでいい。楽しそうにJリーグの話
をするワッキーの復活をみんな心待
ちにしている。

ワンタッチパス①
【わんたっちぱす・いち】

トラップせずに、つまりボールを止めずにパスをすること。高い技術に加えて、状況判断が必要となる。ワンタッチパスでボールを繋がれると、相手守備者はボールを奪取するタイミングがつかみづらくなる。

ワンタッチパス②
【わんたっちぱす・に】

スタジアムのゲートにおいて、観客の観戦履歴を自動的に記録できるシステム。クラブによってはSuicaなど交通系ICカードの機能を内蔵させることができる。

ワンツー
【わんつー】

パスを出すとともに走り出し、パスを受けた選手が走り出した選手にパスを戻すこと。基本かつシンプルな2対1での戦術ではあるが非常に有効で、サイドやゴール前の局面でよくお目にかかる。

ワントップ
【わんとっぷ】

4－2－3－1や3－4－2－1のようなフォーメーションで、フォワードの枚数を一枚にして戦うもの。

ん

ンドカ・ボニフェイス
【んどか・ぼにふぇいす】

愛称ボニ。大宮アルディージャジュニアユース、浦和東高校、日本体育大学、水戸を経て、2021年東京ヴェルディに加入したディフェンダー。迫力あるプレーは見応え満点。

ん

中村俊輔 × 平畠啓史

Jリーグのサッカー用語と
海外のサッカー用語

長きにわたり日本代表の10番として活躍。42歳となったいまもなおグラウンドで戦い続ける日本のファンタジスタ・中村俊輔。芸能界きってのサッカー通として知られ、様々な形でサッカーの魅力を発信している平畠啓史。そんな2人の特別対談が実現。Jリーグ創成期の思い出から日本と海外で使われるサッカー用語まで、じっくりと語り合ってもらった。

小さいころから10番が好き
ファンタジスタに夢中だった

平畠 まずJリーグ開幕時について伺います。当時おいくつでしたか？

中村 中学校3年生だったのですが、国立競技場でヴェルディ対マリノスを観戦しました。マリノスのジュニアユースにいたので、チケットがもらえて。グッズもたくさん売っていて、キーホルダーや筆箱を買いました。今までにない華やかさも感じましたし、下部組織にいたので、プロができたことはやはり嬉しかったですね。

平畠 好きな選手はいたのですか？

中村 トップチームとジュニアユースの練習場は分かれていたのですが、たまにトップチームが僕たちの練習場に来た時、（木村）和司さんのフリーキックを見て、こんなに曲がるのかと衝撃を受けました。

マリノスの規律あるサッカーの中で、10番をつけた和司さんだけ、プレーが違って見えたんです。小学生の頃から父に連れられて、まだ椅子がなかった三ツ沢球技場で日産自動車の試合をよく観ていたんですが、開幕戦で初めて、ゴール裏の観客席から和司さんのフリーキックを観ました。実際にプレーを観ることでいろんな知識を得ました。ほかに、『三菱ダイヤモンド・サッカー』（注：以前、放送されていたサッカー番組）やスポーツショップで売っているビデオを観たりして。僕はマラドーナが好きだったんです。

平畠 中村選手も、何人もの選手をドリブルで抜き去っていくマラドーナのプレーに憧れていたんですね。

中村 ゼロからゴールまでボールを持っていくプレーが好きでした。そこからジダン、リケルメと好きになって。ピクシー（ストイコビッチ）も好きでした。

サイドに突っ立っていたかと思えば、中央に寄ってきてパスをもらって攻めていく。そういう自由なポジショニングがいいですよね。特に好きなのは、勝っているのに攻め手を緩めず、ゴールへ向かっていくところ。今のいい流れを止めないだけじゃなく、なんなら点を取ってもっと相手を圧倒するという気持ちが溢れているところに惹かれていました。

平畠 お話を伺っていると、10番の選手がお好きですよね？ 中村選手ご自身も、やはり10番に強いこだわりがあるのでしょうか。

中村 僕が幼い頃の10番は、そのクラブで一番サッカーがうまい選手がつけるものでした。試合前にゼッケンを渡されるんですけど、監督から10番を渡されるたびに本当に嬉しくて。母がユニフォームにゼッケンを縫いつけてくれるんですけど、「ちゃんと縫ってよ、俺が大好きな番号なんだから！」ってお願いしていましたね。……そう、10番は大好きな番号なんです。10番といえば、ファンタジスタ。創造性を活かしたプレーができる選手でありたいと常に思っていましたし、日本代表で10

"10番"はずっと特別な
番号なんです——中村

番をつけることを目標としていました。ジーコが監督だった時、国立競技場で開催されたジャマイカ戦で初めて10番をつけることになったんです。

平畠 初めて日本代表で10番をもらった時、率直にどう感じましたか？

中村 にやけましたね。自分の思う理想の10番像に近づいているのかなと思って嬉しかったのを覚えています。ずっとこの番号が欲しくて頑張ってきましたし、これまでつけていた方々のことも汚してはいけないという責任感、この先もつけ続けるために頑張ろうという士気も湧きました。僕のあとに香川真司くんがつけましたよね。彼が10番に対しての思いを取材などで話しているのを見ると嬉しいなと思っていました。

平畠 そこまで大事な10番。たとえビブスであっても、嬉しいものですか？

中村 もちろん嬉しいですね。一度、練習でビブスをつけ忘れていたことがあったんですけど、横浜ＦＣの選手たちは僕に遠慮してるのか、10番が残っ

ていたんです。あの時は、そこまで気を遣わなくてもいいんだけどなって思いましたけどね（笑）。

平畠 その気持ちはわかりますよ（笑）。僕が横浜ＦＣの選手だとしても、10番を簡単に取れないでしょうから。

中村 ただ、試合に出てないのに10番をつけるのはよくないと思っているんです。マリノスにいた頃、ユース上がりの選手につけてほしくて小野裕二に託したことがあったんです。和司さんの自宅で毎年、ご飯を食べさせてもらう機会があるんですけど、僕が３年目の時、「お前の色に染めればいいからつけろ」って言われて、10番をつけることになって。

責任やプレッシャーだけでなく、10番をつけてプレーする喜びを和司さんから教えていただいたので、裕二にも僕が言ったと言わないでつけてもらったんです。2021シーズンは（齋藤）功佑とかがつければいいんじゃないかと提案したのですが、僕がつけることになりました。

いつまでもサッカー小僧なんですね──平畠

スパイクにとてつもないこだわり
試合前日には部屋に飾る

平畠 中村選手にとって10番同様、スパイクも大事な存在ですよね。

中村 そうですね。自分のモビルスーツではないですけど、すごくいい状態でグラウンドに入るために必要不可欠なもの。履くだけで、モチベーションが単純に上がるんです。今履いているのは、10年前のモデル。気に入ったスパイクを履き続けるところがあって、廃盤になる前にたくさん用意してもらうんです。

　試合中は前半と後半でスパイクを替えるんですけど、何回か履くと（アッパーとソールの間が）パカっと空いてしまうので、その度にホペイロに縫ってもらっています。僕より、その道のプロのほうが知識が豊富なので。

平畠 縫い直して、また履くんですか？

中村 アッパーが使えるのであれば履きます。あと、試合前日は自分の部屋にスパイクを置いておく。そうすると、どんどん愛着が湧いてくるし、落ち着くんです。

平畠 やってることが、サッカー小僧そのものですね。中村選手はセリエAやスコティッシュ・プレミアリーグ、ラ・リーガでもプレーされましたが、日本と同じサッカー用語を使っている場面はありましたか？

中村 例えば、レジスタとかアタッカンテという言葉がありますけど、海外の監督はあまり用語を使わないですね。そういう用語は、新聞記者と解説者が使っていただけだったかもしれません。

平畠 では、海外でプレーする中で、覚えた用語はありましたか？

中村 "後ろから来てるぞ"というのを、イタリアでは「womo!＝（ウォモ！）」って言うんです。"男性"という意味なんですけど、監督や選手じゃなく、観客が教えてくれました。

平畠 最近の用語だと、例えばマノンは現場で使いますか？

中村 下の代代はどうかわからないですけど、クラブでは浸透してないよう

185

に思います。「後ろ！」とか「来てる！」のほうが伝わりますし、結局、日本でその言葉を使っていたとしても、海外に行けばその国の言葉を覚えないといけないですからね。だから、用語はあまり……僕が覚えてないだけかもしれないですけれど。

平畠 今回の本では単なるサッカー用語だけではなく、"モモカン"のようなものも入れようと思っているんです。

中村 すごいところを突いてきましたね（笑）！ 僕の子供に言ってもわからないと思います。

平畠 そのほかにサポーター用語も載せているのですが、試合中、例えばゲーフラは観ますか？

中村 観ている選手は多いと思います。ただ、僕はガッと神経を研ぎ澄ませて試合に入り込んでいるので、自分たちと相手しか見えてなくて。家族が観に来ていても、勝ちたいっていう気持ちの方が上で気付かないんです。……ダメですね、器が小さくて（笑）。

平畠 それだけ試合に集中しているんですね。

中村 とにかく勝ちたくて。ヨーロッパ、マリノス、ジュビロにいた時もそうでした。横浜ＦＣに移籍して、試合に出られない機会が増えてきたことで、前半は冷静に（戦況を）観ておこうという気持ちになりましたけど、基本、試合の時はピリピリしていたいんです。

平畠 なるほど。スタジアム名もいくつか入れていて、三ツ沢球技場も入れているのですが、中村選手にとっては特別な場所ですよね？

中村 世界一好きなスタジアムですね。子供の頃から決勝戦を三ツ沢でやってきてほぼ優勝してきましたし、プレーしながら"ここで和司さんとか試合してたんだ"って未だに思うことがあります。

錚々たる壁にゴールには能活さん 甘えの許されない環境だった

平畠 中村選手といえば、フリーキックを思い浮かべる人が多いと思います。蹴る前のこだわりはありますか？

中村 海外は、練習でポイントシューズを履いていたくらい土壌がねちっとしていて芝が長いので、右足のアウトフロントで踏み込んでから遠心力を使

って蹴ることができたんです。けれど、日本の芝は土壌が固くて芝が短いので、右足を奥まで入るように踏み込みます。下からすくい上げるように蹴りたいので、まず芝を手で触って立たせてから優しくボールをふわっと置くんです。少しでも沈んだ時はもう1回、芝を立たせてふんわりと置き直しますね。あとは、ボールにあるアディダスマークが三角なので、角の1つが進行方向を指すようにボールをセットします。

平畠 そこまで決めているんですね。

中村 置くポイントがしっかり決まれば、ゴールする自信はあります。

平畠 中村選手はフリーキックが決まりそうな時、その勢いのまま少し走り出しますよね。

中村 そうするのは、入ったと思った時ですね。（入ったかどうかはボールが足に）当たった瞬間にわかります。ゴールキーパーに止められたり、コースが甘かったりした時はすぐ修正。置いたところが完璧なら、今度は自分のポイントを変えればいいだけなんです。

平畠 そういう感覚って、子供の頃から数多くの練習を積んできたからこそ培われているものですよね。

中村 恐らくそうですね。マリノスで1年目からキッカーを任されていましたが、壁として並ぶのは井原（正巳）さん、城（彰二）さん、オムさん（小村徳男）……。当てられない人たちばかり。ゴールマウスには（川口）能活さんが構えている。決めないといけない状況が揃っていたので、皆さんが帰

ったあと、ひとりでボールを出してずっと練習していました。1年目から、キッカーという居場所を与えてくれた当時の監督に感謝しています。若い頃にそういう経験をしてきた分、今、練習では若い選手にフリーキックを譲るようにしています。

平畠 今までJリーグで24本の直接フリーキックを決めていますが、すべて覚えていますか？

中村 1本目はベルマーレ戦ですよね。映像を見れば、もちろんすべてわかりますよ。ゴールというより決めた感覚を覚えるようにしているので、いつも（試合を）見直すんです。あと、ジーコからのアドバイスを受けたり……。いい選手だった人のアドバイスって、ちょっと違うんですよ。

"かまぼこ" が出てきてよかった（笑）──中村
フリーキックをみるのが楽しみです──平畠

平畠 例えば、どんなことを言われたんですか？

中村 プレーのことは何も言わず、ずっと見ているだけなんですけど、試合前のアップ中に一度だけ「本気で1本（フリーキックを）蹴っておけ」って言われたことがあったんです。前日に蹴った感触と試合当日の感触は違うから、本番に近い雰囲気で1本、本気のゾーンで蹴っておけっていうことだったんだと思いますけど。

平畠 なるほど。その日のコンディションを実感できるような1本を蹴っておけ、ということなんですね。

中村 ジーコのサッカーは自由なだけだという人がいますけど、あれだけのレベルにいる人の言葉って、アドバイスを受ける側が噛み砕き方をわかってないといけないというか。ジーコの「シュートはゴールへのパス」という有名な言葉がありますけど、現役時代のプレーを見ると、ジーコはゴールへものすごく強いシュートをたくさん打っているんですよね。

平畠 その言葉から、ゴールへパスのように丁寧なシュートを打てという解釈をされがちだけれど、中村選手はそうではないと。

中村 どんなシュートでも難しい角度でも、インサイドで蹴る時くらいの正確さを兼ね備えたシュート技術を身につけろ、という意味だと思っています。いい選手は直接的なアドバイスはしない。和司さんもそうでした。だから、僕も若い選手から聞かれた時は、本番の雰囲気でいかに練習に取り組めるかどうかが大事だというだけです。少年・少女から子供の時にどういう練習をしていたかを聞かれた時は「僕は体が小さくて、筋力もなかったし、カーブもまったくかからなかったから、チョークで壁に印をつけて、そこを狙って何

本も蹴っていた」と伝えるようにしています。

今季は〝かまぼこ〟付近からのフリーキックを決めたい

平畠 昨シーズン、観客がいない中でJリーグの試合が行われました。中村選手にとっても初めての経験だったでしょうし、改めて観客の大切さを感じたシーズンだったのではと思います。

中村 アウェイではいつものような（相手サポーターからの）プレッシャーがないですし、ホームでは応援してもらえない。本来ならもっと激しくなっておかしくない試合でも、ちょっと様子を観ながらプレーするところはあったんじゃないかなと。僕は観てくださる方に、魅せるプレーをしたい。応援してくださる声を含めて、スポーツは成り立っているものだと思うので、1日でも早く以前のように戻ることを願っています。

平畠 今回お話を伺って、来季、中村選手がフリーキックを蹴るところを見るのがより楽しみになりました。

中村 野球でいう代打みたいなものがあればいいんですけどね。ただ、"かまぼこ"の周りで、簡単にフリーキックのチャンスは来ませんよね？

平畠 ペナルティアークって、やっぱり"かまぼこ"って呼ぶんですね！

中村 僕より下の世代は言わないかもしれないですけど、僕はそう呼んでいます。あのかまぼこより、ちょっと離

れたところから蹴るのが好きです。

平畠 かまぼこの匂いが、ほんのりと漂うくらいの距離がいいと。

中村 大事な基準ですね。相手の壁がかまぼこのラインに来ると射程圏内ではなくなるかもしれないですね。最後に、いい用語が出てよかったです（笑）。

平畠 本当に（笑）。今日は俊さんにたくさんの話を聞けて、またひとつ勉強になりました。ありがとうございます。

中村 ありがとうございました。

中村俊輔（なかむら しゅんすけ）
NAKAMURA SHUNSUKE

1978年神奈川県生まれ。
'97年に横浜マリノス（現 横浜F・マリノス）加入。'99年から背番号10を背負い、2000年MVPなどのタイトルを受賞。その後、イタリア・セリエAのレッジーナ（'02〜'05年）、スコットランドの名門セルティックFC（'05〜'09年）、スペインのエスパニョール（'09〜'10年）と欧州3か国でプレー。リーグ3連覇や年間最優秀ゴール、日本人初の海外リーグMVPを受賞するなど活躍。'10年横浜F・マリノスへ復帰。'13年史上初となる2度目のリーグMVPを受賞。'17年ジュビロ磐田へ移籍。'19年には横浜FCへ移籍し現在に至る――。

189

おわりに

　お読みいただき、訳の分からぬ辞典にお付き合いいただき、本当にありがとうございました。

　Ｊリーグ語辞典なる本を制作する場を与えてくれた、ワニブックス、そして吉本興業にも感謝いたしております。

　自分でもわかったような気になっていた言葉を再確認する良い機会になりましたし、日本サッカーやＪリーグの歴史に思いを馳せ、サッカーの奥深さを知る良い機会となりました。本当にありがとうございました。

　そして、この本を制作、プロジェクトを進めるにあたって、今回は最強のメンバーが集まってくれました。その一人がライターの高本亜紀さん。本の世界にもサッカーの世界にも精通している高本さんには本当に助けられました。さらに、Ｊ SPORTSのつっちーこと

土屋雅史プロデューサーにもいつものごとくご協力いただきました。多忙な中、つっちーの持つサッカーの知識を惜しげもなく、この本に投下してくれました。打ち合わせと称し、３人でＪ２の話しから始まり、いつしか音楽の話しをしていた瞬間が最高に楽しかったです。

　サッカーの本を制作するにあたって、最強の２人が参加してくれたことが私にとって何より財産で、このプロジェクトメンバーでさらにサッカーに関する何か楽しいことができるのではないかと思っています。高本さん、土屋さん、本当にありがとうございました。

　この本によって、みなさんのＪリーグ観戦やサッカー談議が楽しくなることを願っております。

　お付き合いいただき、本当にありがとうございました。

平畠啓史（ひらはた けいじ）

1968年8月14日大阪府生まれ。吉本興業所属。高校時代にサッカー部の主将としてチームを全国大会に導いた経歴から、サッカー番組やサッカー関連のイベントへの出演機会が多い。著書に『平畠啓史 Jリーグ54クラブ巡礼 ひらちゃん流Jリーグの楽しみ方』『今日も、Jリーグ日和。ひらちゃん流マニアックなサッカーの楽しみ方』『平畠啓史Jリーグ56クラブ巡礼2020 – 日本全国56人に会ってきた』（ヨシモトブックス）がある。『くさデカ』（テレビ静岡）、『Jリーグジャッジリプレイ』（DAZN）にレギュラー出演。

YouTube：ひらはたフットボールクラブ
Twitter：@J_hirachanryu

平畠啓史の日本一わかりやすい
Jリーグ語辞典

2021年 3月15日 初版発行

著者	**平畠啓史**
装丁・本文デザイン	金井久幸、藤 星夏（TwoThree）
イラスト	タカハラユウスケ
撮影	吉場正和
構成	高本亜紀
	土屋雅史（J SPORTS）
校正	東京出版サービスセンター
編集	小島一平、中野賢也（ワニブックス）
協力	吉本興業株式会社
	株式会社スポーツコンサルティングジャパン
発行者	横内正昭
編集人	岩尾雅彦
発行所	株式会社ワニブックス

〒150-8482　東京都渋谷区恵比寿4-4-9 えびす大黒ビル
電話　03-5449-2711（代表）／03-5449-2716（編集部）
ワニブックスHP　http://www.wani.co.jp/
WANI BOOKOUT　http://www.wanibookout.com/
WANI BOOKS NewsCrunch　https://wanibooks-newscrunch.com

印刷所	凸版印刷株式会社
製本所	ナショナル製本